Gerold Niemetz

Anekdoten und Karikaturen für den Geschichtsunterricht

Ernst Klett Verlag

CIP-Kurztitelaufnahme der Deutschen Bibliothek

Anekdoten und Karikaturen für den Geschichtsunterricht / Gerold Niemetz.
1. Aufl. – Stuttgart: Klett 1986.
ISBN 3-12-922633-8

NE: Niemetz, Gerold [Hrsg.]

ISBN 3-12-922633-8

1. Auflage

Gesamtherstellung: Wilhelm Röck, Weinsberg.

Inhalt

Einführung 7

I. Die Französische Revolution und ihre Auswirkungen auf Europa 15

Der Vorabend der Revolution 15
Der Sturm auf die Bastille 16
Ein schillernder Revolutionär: Mirabeau 17
Das Schicksal der Königsfamilie 19
Der „Schrecken" der Revolution 20
Zeitgenössische Urteile über Robespierre 23

II. Das Zeitalter Napoleons I. 25

Nelson und der militärische Gehorsam 25
Anpassungsfähig und geistreich: Talleyrand 26
Zeitgenössische Urteile über Talleyrand 27
Vom Wert eines Menschenlebens 28
Napoleon setzt sich durch 28
Bewunderung für den Erfolgreichen 29
Kritische Urteile über Napoleon 30
Die Konvention von Tauroggen 31
Der Wiener Kongreß 32
Redewendungen während des Wiener Kongresses 32
Metternichs Ansichten 33

III. Staat und Gesellschaft im Vormärz (1815–1848) 34

Demagogenverfolgung 34
„Es bleibt alles beim alten" 36
Die Bürgerstunde 36

IV. Die Revolution von 1848 38

Der Ausbruch der Revolution in Wien 38
Die revolutionären Ereignisse in Berlin 39
Die Paulskirche 40
„Gegen Demokraten helfen nur Soldaten" 41

V. Industrielle Revolution und Soziale Frage 43

Technischer Fortschritt 44
Soziales Elend 45

VI. Von der Zeit der Nationalstaaten bis zum Ende des Ersten Weltkriegs 48
Bismarcks Humor: unbarmherzig und selbstironisch 48
Bismarck und die Monarchen seiner Zeit 49
Bismarcks Größe in der Karikatur 51
Zur Wirkung der Emser Depesche 52
Bismarck und die Parteien 54
Der Kulturkampf 56
Napoleon III. und die monarchische Tradition 57
Imperialismus 58
Schwere Aufgaben für Bismarcks Nachfolger 61
Kaiser Wilhelm II.: Selbstüberschätzung 62
Der Kriegsausbruch 1914 62
Humor während des 1. Weltkrieges 63
Kriegsende und Revolution 1918 65
Die Waffenstillstandsbedingungen 66
Die Friedenskonferenz von Versailles 67

VII. Die USA – von der Unabhängigkeit zur Weltmacht 68

Indianer und Weiße 68
Die Generation der Gründerväter 70
„Jacksons Demokratie“ 72
Lincolns „Grundsätze“ 72
Der amerkanische Bürgerkrieg 75
„Rauhreiter“ Theodore Roosevelt 75
Die Prohibition 76
Herbert Hoovers Humor 77
Franklin D. Roosevelt – private Welt und Politik 78

VIII. Die Zeit zwischen den Weltkriegen 79

Zu den Anfangsschwierigkeiten der Weimarer Republik 79
Aristide Briand als Diplomat und Politiker 81
Die Weltwirtschaftskrise 83
Hindenburgs Alter und die Politik 84
Papens Staatsstreich in Preußen 85
Brünings Sparsamkeit 86

IX. Der Nationalsozialismus 87

Das Verhältnis Hitler–Mussolini 87
Die Stärke der Deutschen, ihre Tradition 89
„Zehn kleine Meckerlein“ 90
„Feine Unterschiede“ zwischen Hitler und Friedrich dem Großen . 91
Friedrich Schillers Dramen für einzelne Nationen 91
Winston Churchill spottet über Hitler 92
General Speidel über den „Feldherrn“ Hitler 93
Hitler im Spottgedicht 93
Die Rivalität von Partei und Wehrmacht 94
Hitler als Verehrer Richard Wagners 94
Hitlers „neue“ deutsche Verfassung 95
Der ideale Deutsche und die gute Martinsgans 95
Hermann Göring als Witzfigur 96
„Die Uhr am Rhein“ 97

X. Der Weltkommunismus 98

Karl Marx in der kommunistischen Anekdote 98
Legenden um Lenin 100
Pro und Contra Lenin in der Karikatur 101
Der Stalinismus im Flüsterwitz 104
Leonid Breschnew im Flüsterwitz 106
Radio Eriwan antwortet 107
Titos Hang zum Luxus 107
Die Machtergreifung der Kommunisten in Prag 108
Der russisch-chinesische Konflikt 109
„Die sozialistische politische Karikatur“ in der DDR 110
„Chaos“ oder Planung im Kommunismus 111
Kritik am Warenangebot in der DDR-Karikatur 112
Wilhelm Pieck – mal so, mal so 113
Kapitalismus und Kommunismus – Definitionen und Vergleiche . . 114

XI. Deutschland nach 1945 116

Nachkriegsjahre 116
Theodor Heuss und Konrad Adenauer 118
„Das doppelte Lottchen“: Konrad Adenauer in der Karikatur . . . 119
Das deutsche „Wirtschaftswunder“ 120
Deutschland und Frankreich 122
Geflügelte Worte von Erhardt, Brandt und Strauß 123

XII. Die Vereinigten Staaten von Amerika nach 1945 125

Nüchterne Einschätzung des mächtigsten Amtes der Welt: Präsident Harry S. Truman 125
Primat der politischen Führung 126
Ein populärer General als Präsident: Dwight D. Eisenhower 127
Gegen „unamerikanische Umtriebe": McCarthy 129
Humor, Geist und Geld in der Politik: John F. Kennedy 129
Texanischer Humor im Weißen Haus: Lyndon B. Johnson 132
Ein umstrittener Kandidat: Barry Goldwater 134
Der Watergate-Skandal 135
Automation 136
Ansichten zum 20. Jahrhundert: Martin Luther King, Albert Einstein, Edward Teller 136
Der Präsident für den „kleinen Mann": Jimmy Carter 137
Humor als Flucht nach vorne: Ronald Reagan 138

XIII. England nach 1945 139

Churchills Spott – über sich und andere 139
Was ist „Demokratie"? 141
Premierminister Macmillan über sich und die Opposition 142
Geistreiche Minister in Macmillans Kabinett: Lord Home und Austen Butler 143
Churchills Kleider – für andere zu groß 144

XIV. Frankreich nach 1945 145

Charles de Gaulle: seine Persönlichkeit und Politik 146

XV. UNO – NATO – EWG – EG 149

Die UNO 149
Bemerkungen über die EWG 150
„Die NATO ist mehr Zaum als Pferd" 151
Die EG 153

XVI. Israel und der Nahe Osten 154

Die Gründergeneration Israels 154
Zum Nahost-Konflikt 156
Israelisch-ägyptische Friedensverhandlungen 157

Anekdotensammlungen 159

Abbildungsnachweis 160

„Aus drei Anekdoten ist es möglich,
das Bild eines Menschen zu machen.“

Friedrich Nietzsche

Einführung

1. Warum heute noch Anekdoten?

Vielleicht wird sich mancher Leser beim ersten Blick die Frage stellen: „Was wollen wir heute noch mit Anekdoten im Geschichtsunterricht? Es gibt doch zuverlässigere Quellen zur Geschichte.“ Als Unterrichtspraktiker, der selbst Anekdoten immer wieder verwendet, bekenne ich mich zunächst ganz spontan zum Wert von Anekdoten. Als Geschichtsdidaktiker will ich aber das eher emotionale „Ja“ durch ein rationales „Ja – aber“ oder „Ja – wenn“ einschränken.
Natürlich erfüllen Anekdoten heute nicht mehr die gleiche Funktion wie die mündlich weitergegebene Vorläuferin zur Zeit des Absolutismus. Damals reflektierten Anekdoten Verehrung aber auch Rebellion. Heute sind Anekdoten für uns eine Ergänzung anderer Möglichkeiten, geschichtliche Vorgänge oder Zustände zu erfassen bzw. weiterzugeben. Man wird an Anekdoten vor allem den Vorzug schätzen, daß durch sie das Wesentliche markant ins Blickfeld gerät. Ein charakteristisches Merkmal wird sichtbar und die Aufmerksamkeit in eine bestimmte Richtung gelenkt. Dabei wird der Geschichtsdidaktiker zwar die genannten „didaktischen“ Vorteile nutzen; als Historiker aber, der um die Differenziertheit historischer Erkenntnis weiß, wird er die Grenzen der Anekdoten richtig beurteilen und entsprechend die mit der Anekdote verbundene Aussage ergänzen und relativieren.

2. Anekdote und historische Wahrheit

„Es gibt keine wahren und unwahren, es gibt nur gute und schlechte Anekdoten.“ So formulierte es einmal der erfolgreiche Anekdotensammler Gottfried Heindl (S. 6). Es stimmt, daß eine Anekdote nicht im buchstäblichen Sinne

authentisch sein muß, wohl aber muß sie es in einem höheren Sinne sein. Sie muß eine bestimmte Situation oder den Wesenszug des Beschriebenen charakteristisch wiedergeben. Trifft dies zu, dann ist die Anekdote auch gut. Sie verdient es, überliefert zu werden, weil sie eine richtige historische Aussage enthält, die etwas Wesentliches weitergibt. So soll Wilhelm II. 1890 bei der Entlassung Bismarcks gesagt haben: „Der Kurs bleibt der alte, Volldampf voraus!" Diese Anekdote ist gut, weil in ihr das Charakteristische über die Haltung Kaiser Wilhelms ausgesagt ist. Der Freiburger Germanist Ernst Bender nennt dies die *innere Wahrheit* der Anekdote. Sie müsse gleichsam die „Wesensmitte des Helden" treffen (Der Deutschunterricht 1/1975, S. 57).
Die Historiker unter den Lesern werden ohnehin nicht davon ausgehen, daß die Anekdoten das verkörpern, was Laien die „historische Wahrheit" nennen. Sie wissen, daß es das Ideal einer objektiven historischen Wahrheit nicht gibt. Wir können allenfalls versuchen, einer idealen Objektivität näherzukommen (vgl. Nipperdey, S. 329ff.). Der Anteil, den die Anekdoten bei dieser Suche nach Objektivität haben, ist gering. Sie verhelfen uns zwar zu einer scharfen Momentaufnahme, aber eben nur zu einer Aufnahme von einem feststehenden Standort aus und damit sehen wir das Geschehen nur in einer bestimmten Perspektive. Dabei ist für den Historiker und den Geschichtsdidaktiker gerade der Perspektivenwechsel entscheidend, wobei sich der Leser stets der „Hauptgefahren" der Anekdote bewußt sein sollte: Personalisierung, Heroisierung und die Denunziation von Menschen oder Umständen.

3. Personalisierung durch Anekdoten?

„Die historische Anekdote ... wird ... dazu benutzt, daß Schüler sich mit den ‚großen Männern' der bürgerlich-nationalistischen Geschichtstradition identifizieren" (Hoffacker, S. 176). Diese marxistische Auffassung ist insoweit richtig, als tatsächlich durch eine Anhäufung von bestimmten Anekdoten ein „personalisiertes Geschichtsbild" erzeugt werden könnte. Nur – diese Gefahr wird nicht dadurch vermieden, daß man, dem Ratschlag des zitierten Autors folgend: „... statt Luther-, Friedrich-, und Bismarckanekdoten solche über Münzer, Robespierre und Marx" verwendet (ebd.).
Wie kann man aber wirklich der Entstehung eines „personalisierten Geschichtsbildes" vorbeugen? Zunächst sollte sich der Leser darüber klar sein, daß es in der Regel einfach ein „dominantes Moment der Anekdote" ist, sich auf eine „historisch bekannte Persönlichkeit"zu beziehen (Grothe, S. 19f.). Schon bei den verschiedenen Definitionen zur Anekdote in der Fachliteratur

und in Lexika finden sich häufig Formulierungen wie „die Anekdote ist die einen Einzelmenschen behandelnde, kurze Geschichte oder kennzeichnend für eine bekannte Persönlichkeit". Gelegentlich finden sich zwar Bemerkungen zu Menschengruppen oder Strukturen, auf die sich Anekdoten beziehen, aber das sind seltene Ausnahmen. Bekannte Persönlichkeiten stehen in der überwiegenden Zahl der Anekdoten im Mittelpunkt. Damit müssen wir uns auseinandersetzen, d. h. im konkreten Fall des Unterrichts soweit erläutern, daß Geschichte nicht durch den Anteil, den Persönlichkeiten am Geschehen haben, verfälscht wird. Theodor Schieder hat diesen ‚Anteil' beschrieben. Er stellt drei Faktoren nebeneinander, durch die geschichtliche Bewegung bewirkt wird: „. . . die führenden Personen, die das Schaltwerk der Geschichte bedienen; die in den großen sozialen Gebilden gegenwärtigen Massen der anonymen Einzelnen und schließlich die außerpersonellen Umstände und objektiven Gegebenheiten und Strukturen" (Schieder, S. 108). Wer beim Lehren der Geschichte Anekdoten benutzt, muß sich stets der Gefahr der Personalisierung bewußt sein.

4. „Heroisierung" durch Anekdoten?

Sehr nahe bei der „Personalisierung" liegt die Gefahr der „Heroisierung" von historischen Persönlichkeiten durch Anekdoten. Zweifellos läßt sich bei entsprechender Auswahl eine solche Wirkung erzielen. So könnte man z. B. bei der riesigen Zahl der Anekdoten über den „Alten Fritz" (Friedrich II. von Preußen) leicht das Bild eines Übermenschen zeichnen, das mit dem historischen Preußenkönig recht wenig gemein hätte, da es nur bestimmte Seiten von ihm zeigte. Ähnliche Ehre könnte man Lenin erweisen, malte man ein Lenin-Porträt in der Art eines Anekdotenbuchs aus der DDR. Lenin ist darin so richtig ein Mensch zum „Anfassen", aber eben jemand, der nur positive Eigenschaften, vor allem Humor besitzt. Hierzu ein Beispiel:

> *„Wenn Lachen eine Kunst ist, so beherrschte sie Lenin wie nur wenige. Kaum jemand konnte seinem herzlichen, mitreißenden Lachen widerstehen. Es war kein oberflächliches Lachen, kein Lachen billiger Anerkennung oder Höflichkeit, sondern es strömte seine ganze Anteilnahme aus. Und da er von der energiesteigernden Macht des Lachens überzeugt war, verlief kaum eine Sitzung mit ihm, bei der er nicht Grund zum Lachen fand. Der englische Journalist Arthur Ransome, der sich längere Zeit in der Sowjetunion umgesehen und auch mancher Versammlung mit Lenin beigewohnt hatte, fragte einmal: ‚Woher Mister Lenin, nehmen Sie nur die Kraft zu Ihrem Lachen?' ‚Woher?' wiederholte Lenin, und das*

Nachdenken darüber machte ihn ernst... ‚Aus dem Lachen unseres Volkes', sagte er schließlich. ‚Es lacht aber noch nicht oft Ihr Volk?', erwiderte Ransome, ‚sozusagen erst mit halber Kraft. Woher nehmen Sie die andere Hälfte?' – Diesmal antwortete Lenin, ohne zu zögern, und er konnte nun auch wieder lachen: ‚Aus dem Weinen unserer Gegner'" (Pijet, S. 165).

Wenn diese Art von Anekdoten noch ergänzt wird durch parteioffizielle Geschichtsdarstellung dann führt dies tatsächlich zur „Heroisierung". Das Regulativ in solchen Situationen ist der Flüsterwitz, dem die Funktion des „Ventils" zukommt. Auch dazu ein Beispiel:

„Nach dem Tode Lenins unterhalten sich zwei Juden über die Reden, die am Grab gehalten wurden. ‚Man hat nur Lobreden gehört', sagt Rubinstein, ‚aber über Tote sagt man ja nur Gutes.' ‚Da gibt es viele Möglichkeiten', meint Schlamowitsch. ‚Von meinem Vater kenne ich folgende Geschichte: Als der bekannte Hochstapler und Bürger Mimosenduft starb, wollte niemand die Grabrede halten. Da erbarmte sich schließlich ein Gemeindemitglied: Itzik Mimosenduft ist gestorben. Im Vergleich zu seinem Partner Herschkowitz war er ein edler und ehrlicher Mann.'" (Drozdzynski, S. 25.)

5. „Denunziation" durch Anekdoten?

Helmut Hoffacker, einer der beiden Herausgeber von „Bestandsaufnahme Geschichtsunterricht" analysiert eine Reihe von Anekdoten aus einer bekannten Sammlung (Eicke/Börger, Weltgeschichte in Anekdoten) und versucht anhand einer gezielten Auswahl die These aufzustellen, „revolutionäre Ereignisse" würden darin als „mehr oder weniger verbrecherische oder verhängnisvolle Unglücksfälle denunziert". Die Untersuchung geht auch der Frage nach, „ob Anekdoten im Geschichtsunterricht heute eine Rolle spielen sollen, und wenn ja, unter welchen Bedingungen sie tragbar sind" (S. 164f.).
Natürlich könnte man Hoffacker zustimmen, wollte man allein aufgrund der von ihm zitierten Anekdoten Geschichte lehren. Es ist unbestritten, daß sich durch „Filterung" ebenso tendenziöse Aussagen erreichen lassen wie durch „Färbung". Hoffacker geht es aber nicht so sehr um Einseitigkeiten an sich, es muß nur die Richtung stimmen, die durch eine Anekdote beleuchtet wird. Am Beispiel „Revolution" heißt dies für ihn „statt denunziatorischer Anekdoten über Revolutionen solche Anekdoten im Unterricht einzusetzen, die sie als fortschrittliche Ereignisse der Geschichte darstellen".
Eine solche Absicht konnte natürlich nicht die Auswahl dieses Buches bestim-

men. Vielmehr war es das Ziel, Einseitigkeiten soweit wie möglich zu vermeiden. Da aber selbst bei bester Absicht durch Anekdoten oder Karikaturen allein noch nicht Multiperspektivität herzustellen ist, muß jeder Geschichtslehrer, der mit Anekdoten oder Karikaturen arbeitet, möglichst „Methodenmonismus" vermeiden (vgl. Niemetz, Praxis Geschichtsunterricht, S. 41ff.). Er wird die Inhalte so auswählen, daß weder das entsteht, was Hoffacker ein „bürgerlich-nationalistisches" noch das, was er ein „fortschrittliches" Geschichtsbild nennt. Eine „demokratisch-offene Gesellschaft" kann kein „geschlossenes Geschichtsbild" (Rohlfes GWU 1985, S. 558ff.) erwarten. Der Geschichtsunterricht in unserer Demokratie sollte sowohl den Regeln der Wissenschaft verpflichtet sein als auch die politischen und rechtlichen Normen respektieren, wie sie durch den Rahmen des Grundgesetzes gegeben sind. Unter diesen Voraussetzungen bleibt Raum für unterschiedliche Deutungen.

7. Zur Auswahl in diesem Band

Eine Reihe von Kriterien bestimmten die Auswahl in diesem Band. Zunächst einmal war es der zeitliche Rahmen: von der Französischen Revolution bis zur Gegenwart. Innerhalb dieses Rahmens wurden alle lehrplanrelevanten Themen berücksichtigt. Soweit dies mit Anekdoten zu leisten war, erhielten sie den Vorzug vor Karikaturen. Natürlich versuchte ich im Sinne der geschichtsdidaktischen Grundforderungen übertriebene Personalisierungen, Heroisierungen, unhaltbare Clichés, Einseitigkeiten u. ä. zu vermeiden.
Die Durchführung dieser theoretischen Überlegungen erwies sich jedoch als schwieriger, als es mir zunächst schien. Der Teufel steckte in vielen Details. So zeigte sich einmal, daß einige lehrplanrelevante Themen wie „Vormärz" oder „Soziale Frage" nur sehr dürftig mit Anekdoten anzureichern sind, weshalb einige Lücken durch Karikaturen geschlossen werden mußten. Ähnlich schwierig gestaltete sich zum anderen die Suche nach Anekdoten zur Geschichte des Kommunismus. Hier gibt es in Büchereien der Bundesrepublik nur Ausgaben mit Flüsterwitzen, aber keine mit Anekdoten im engeren Sinne. In Dresdner Buchhandlungen entdeckte ich zwei Sammlungen aus Verlagen der DDR, die gleichsam die Gegenseite zum Flüsterwitz vertreten.
Selbst in Gebieten, über die es auf den ersten Blick eine Fülle von Anekdoten gibt, stellten sich bei näherer Untersuchung Schwierigkeiten ein. Bismarck bietet dafür ein Beispiel. Natürlich gibt es viele Bismarck-Anekdoten, aber die meisten von ihnen entsprechen nicht der Zielsetzung dieses Buches: Das Lehren der Geschichte mit Hilfe von Anekdoten farbiger zu gestalten. Eine

Reihe von Anekdoten fielen durch dieses Raster, d. h. alle, die nur Unterhaltung bieten, oder nur witzig sind, nur anzügliche Wortspiele enthalten oder auch solche, die offensichtlich ganz frei erfunden sind. Ein typisches Beispiel für eine Bismarck-Anekdote dieser Art:

> ***Bismarck schätzte stets die Einhaltung vollendeter gesellschaftlicher Formen, daher auch die Distanz. Einmal saß er bei einem Diner neben einer jungen, aber recht zutraulichen Amerikanerin. Zuerst betitelte sie ihn korrekt mit „Durchlaucht", beim zweiten Gang ging sie zu „Herr Reichskanzler" über und verstieg sich beim dritten Mal zu „mein lieber Herr Bismarck". Als der Diener zum nächsten Gang die Teller wechselte, lächelte er seiner Nachbarin liebenswürdig zu und sagte: „Mein Vorname ist Otto."***

8. Zur Verwendung im Unterricht

Der Band ist bewußt so aufgebaut, daß der „historische Hintergrund" knapp gehalten wurde. Der Lehrer kennt ohnehin die historischen Zusammenhänge im Detail. Wo es möglich ist, gilt der „historische Hintergrund" für mehrere Anekdoten. Auf diese Weise soll möglichst viel Raum für die Anekdoten geschaffen werden. Die Erläuterungen bewegen sich auf einer mittleren Linie, d. h. sie wollen auf der einen Seite wichtige Informationen bieten, die man nicht erst in Fachbüchern nachschlagen muß. Sie durften auf der anderen Seite aber nicht zu ausführlich geraten, um den historisch beschlagenen Leser nicht zu langweilen.

Ein ähnliches Prinzip gilt für die „Arbeitsimpulse". Sie sind Anregung für den Schüler weiterzudenken, eigenes Wissen zu verarbeiten, schließlich zu einem selbständigen Urteil zu finden. Auch hier wird es vorkommen, daß sie für die einen zu schwer, für andere wieder zu leicht sind. Sie stellen also ein Angebot dar, das man annehmen, das man aber auch durch ein anderes ersetzen kann. Mit Absicht wird auf sog. Erwartungshorizonte verzichtet. Damit wäre eine zu enge Klammer entstanden, vor allem hätte man das vorrangige Ziel, eigenes Denken und Urteilen zu finden, zu sehr eingeschränkt.

Der Aufbau des Buches will keine spezielle Unterrichtsmethode vorschreiben. Es bieten sich verschiedene Möglichkeiten an: Der Lehrer kann Anekdoten vorlesen oder erzählen; er kann auch vorlesen oder erzählen lassen; er kann mehrere Anekdoten schriftlich vergleichen lassen; er kann Karikaturen mit Hilfe des Tageslichtprojektors an die Wand werfen etc.

An welcher Stelle während der Stunde die Anekdote oder Karikatur verwendet wird, hängt von der Funktion ab, die man mit ihrem Einsatz verbindet. Möglich ist u. a. Anekdote und/oder Karikatur als:

1. Einstieg. Beide Medien eignen sich vorzüglich als Anfangsmotivation. „Der überraschende Zugriff eines solchen Einstiegs hebt einen Gegenstand aus dem leicht zu monoton wirkenden Fluß des historischen Zusammenhangs heraus, um die Schüler zunächst zu eigenen Fragen zu motivieren" (Bollenhagen S. 18). Dieser Einsatz zu Beginn einer Stunde ist als Vorgriff wie als Rückgriff möglich. Mit einem guten Einstieg schafft der Lehrer die Voraussetzung für eine gute Stunde, weil die Schüler angeregt, im besten Falle sogar gefesselt werden. Sie werden aufgeschlossen, im wörtlichen Sinne „neugierig" auf Entwicklungen, die sich als Folgen des Anekdoten- oder Karikatureneinsatzes ergeben.
2. Merkhilfe. Wer schon mit Anekdoten gearbeitet hat, wird bestätigen können, daß auch nebensächlich Gebotenes lange im Gedächtnis bleibt, viel länger meist als die „bedeutenden" Fakten oder Probleme, denen der Lehrer so viel Zeit gewidmet hat. Diese Erkenntnis – so betrüblich sie gelegentlich sein mag – muß man nutzen, um Wesentliches mit Hilfe einer Anekdote so deutlich werden zu zu lassen, daß die Schüler es sich merken können.
3. Zusammenfassung. Sie können zum Abschluß einer Unterrichtseinheit der Zusammenfassung oder dem Transfer dienen. Zusammenhänge werden nochmals, diesmal in komprimierter Fassung geboten. Vielleicht wird manchem Schüler jetzt erst der didaktische Schwerpunkt der Stunde, der „rote Faden", sichtbar. Auf jeden Fall ist diese Form der Zusammenfassung anderen, monotoneren Formen vorzuziehen.

Welche Funktion Anekdote oder Karikatur im einzelnen Unterricht auch haben mögen, die oben genannten Bedenken gegen einen Unterricht, der zu viel oder gar ausschließlich mit diesen Medien arbeitet, sollten ernst genommen werden. „Anekdotenmonismus" enthält die oben beschriebenen Gefahren. Wenn der Lehrer dagegen diese Bedenken berücksichtigt, kann er dieses Buch zur Bereicherung seines Unterrichts verwenden. Vielleicht wird damit das Ziel erreicht, die Langeweile der Schüler, die schlimmste Gefahr des Geschichtsunterrichts, erfolgreich zu bekämpfen. Ist erst einmal das Interesse der Schüler für das Fach geweckt – und dabei sind Anekdoten und Karikaturen nicht die schlechtesten Mittel –, kann sie der Geschichtsunterricht auch für größere Probleme aufschließen. Bei einer motivierten Klasse kann der Lehrer einen Unterricht, der auch „ankommt", auf hohem Niveau halten.

Es geschieht nicht nur aus Höflichkeit sondern ist mir am Ende dieser Einführung ein Bedürfnis, dem Verlag und insbesondere Herrn Dr. Jochen Grube für die engagierte und stets sachkundige Betreuung bei der Konzeption und Entstehung des Buches zu danken. Die weitgehende Übereinstimmung von Lektor und Autor in geschichtsdidaktischen Überlegungen beschleunigte die Arbeit und ließ sie mir zur Freude werden.

Literatur

Bender, Ernst: Schwank und Anekdote. In: Der Deutschunterricht. Jg. 9. 1957, Heft I

Bollenhagen, Hermann: Motivation im Geschichtsunterricht. In: Beiheft zur GWU 1970

Drozdzynski, Alexander: Der politische Witz im Ostblock. dtv, München 1977

Eicke, Hermann (unter Mitwirkung von Paul Börger): Weltgeschichte in Anekdoten. Heidelberg 1961

Grothe, Heinz: Anekdote. Stuttgart 1971

Heindl, Gottfried: Geschichten von gestern, Geschichte von heute. Das 20. Jahrhundert in Anekdote und Bonmot. Wien 1965

Hoffacker, Helmut: Historische Anekdoten: Panegyrik und Denunziation. In: Bestandsaufnahme Geschichtsunterricht, hrsg. von Helmut Hoffacker/ Klaus Hildebrand. Stuttgart 1973

Niemetz, Gerold: Praxis Geschichtsunterricht. Methoden – Inhalte – Beispiele. Stuttgart 1983

Nipperdey, Thomas: Kann Geschichte objektiv sein? In: GWU 1979, S. 329ff.

Pijet, Georg W.: Duell mit der Vergangenheit. Anekdoten. Halle-Leipzig 1982

Pongs, Hermann: Die Anekdote als Kunstform zwischen Kalendergeschichte und Kurzgeschichte. In: Der Deutschunterricht. Jg. 9, 1957, Heft I

Rohlfes, Joachim: Geschichtsdidaktik und Gesellschaft. In: GWU 1985, S. 554ff.

Schieder, Theodor: Geschichte als Wissenschaft. München – Wien 1965

I. Die Französische Revolution und ihre Auswirkungen auf Europa

Zeittafel

1774–1792	Ludwig XVI.
1789–1793	Die Französische Revolution
1789	14. Juli Sturm auf die Bastille
1793–1794	„Schreckensherrschaft" („La Terreur")
1795–1799	Das Direktorium

Der Vorabend der Revolution

Historischer Hintergrund:

Das Bürgertum Frankreichs strebte nach sozialer und politischer Emanzipation. Die absolutistische Monarchie war in Prunk, Pomp und Verschwendungssucht erstarrt. Seit den 70er Jahren des 18. Jahrhunderts erschütterten Wirtschaftskrisen das Land. Die Spannungen verdichteten sich zu einer Staatskrise.

1 ***Die maßlose Verschwendung am Hofe und die unglücklichen Kriege bürdeten Frankreich eine schwere Schuldenlast auf. Der Finanzminister Terray bemühte sich, durch allerhand zweifelhafte Manipulationen das Defizit zu decken. „Sie stehlen ja den Leuten das Gold aus der Tasche", warf man ihm vor. „Woher soll ich es sonst nehmen?" antwortete er trocken.***

2 ***König Ludwig der XV. fragte nach der prächtigen Hochzeitsfeier des Dauphins mit Marie-Antoinette den Finanzminister Terray: „Nun, wie fanden Sie die Festlichkeiten?" „Unbezahlbar."***

3 ***Der Kaufpreis des Schlosses St. Cloud, das Calonne für Marie-Antoinette erstand, betrug mehrere Millionen. Das Volk erfuhr davon und machte nun die Königin für die Staatsschulden verantwortlich. Sie erhielt den verhängnisvollen Spitznamen „Madame Deficit".***

4 Ein andermal wollte der König einem Bauern, dessen Armut ihm leid tat, einige Taler schenken. Der aber schlug bitter lächelnd an seinen mageren Hosensack und sagte dazu: „Sire, sie kommen doch wieder zu Ihnen."

5 Marie-Jeanne Philipon, die spätere Madame Roland, durfte in ihrer Jugend einmal eine Woche im Schloß von Versailles verbringen. Zu ihrer Mutter zurückgekehrt, erklärte sie: „Noch ein paar Tage, und ich hätte nicht gewußt, wohin mit meinem Abscheu und meinem Haß gegen diese Menschen."

6 Der Herzog von Richelieu, der noch den Hof des Sonnenkönigs gekannt hatte, nahm sich den Freimut, zu Ludwig XVI. zu sagen: „Unter Ludwig XIV. schwieg man, unter Ludwig XV. wagte man zu flüstern, unter Ihnen, Sire, spricht man laut."

7 Rückblickend auf die Zeit des Ancien Régime sagte viele Jahre später Herr von Talleyrand (führender französischer Staatsmann von 1789 bis 1830): „Wer nicht vor der Revolution gelebt hat, kennt nicht die Süßigkeit des Lebens."

8 „Ach, die gute alte Zeit!" seufzte ein Grandseigneur. „Früher brachte man einen Stallknecht um, ohne daß ein Hahn danach krähte. Jetzt darf man ihn nicht einmal mehr prügeln."

Arbeitsimpulse:

Welche Merkmale, die für die Atmosphäre vor der Revolution charakteristisch sind, werden in den Anekdoten erwähnt? Versuchen Sie die 6 Merkmale unter übergreifenden Gesichtspunkten zu ordnen!

Der Sturm auf die Bastille

Historischer Hintergrund:

Die Bastille galt als Symbol der Unterdrückung durch absolutistische Herrscher. Am 14. Juli 1789 (heute Nationalfeiertag) erstürmte eine bewaffnete Volksmenge dieses Gefängnis und befreite triumphierend die Gefangenen.

1 In Versailles hatte König Ludwig XVI. sich schon zur Ruhe begeben, als der Herzog von Liancourt auf schäumendem Pferd heransprengte, um ihm die Nachricht von dem Bastillesturm zu überbringen. Trotz des Widerstandes der Kammerdiener erlangte er Zutritt zum

Schlafgemach und stattete erregt seine Meldung ab. „Das ist ja eine Revolte", meinte der König. Liancourt erwiderte: „Nein, Sire, das ist eine Revolution."

2 *Über den 14. Juli trug Ludwig XVI. in sein Tagebuch ein: Rien. Er hatte nämlich, wie er es so gern tat, wieder einmal gejagt, aber den ersehnten Hirsch nicht erlegt.*

3 *Einige Tage nach dem Sturm auf die Bastille wurde der Dramatiker La Mierre von einem Freunde gefragt, wann man wieder eine Tragödie von ihm erwarten könne. „Meine Tragödien", gab er zur Antwort, „sind nun überflüssig geworden. Es gibt jetzt genug Tragödien – auf der Straße."*

Arbeitsimpulse:

Welche Bedeutung wird dem Fall der Bastille von den verschiedenen Personen zugemessen? Vergleichen Sie die Einschätzung mit ihrer tatsächlichen, historischen Bedeutung.

Ein schillernder Revolutionär: Mirabeau

Historischer Hintergrund:

Honoré Graf von Mirabeau ließ sich trotz seiner adeligen Herkunft als Vertreter des Dritten Standes wählen. Er war in der 1. Phase der Französischen Revolution ein wortgewaltiger Sprecher, aber auch eine umstrittene Figur. Sein plötzlicher Tod am 2. April 1791 beendete eine mögliche weitere Einflußnahme auf den Fortgang der Revolution.

1 *In einer Gesellschaft, bei der auch Graf Mirabeau zugegen war, diskutierte man heftig über die grauenvolle Niedermetzelung des Kommandanten der Bastille, Marquis de Launy. Sie wurde streng getadelt und alle Anwesenden waren darüber entsetzt. Mirabeau aber sagte gleichmütig: „Nun ja, das sind die Kinderkrankheiten der Revolution."*

2 *Alle Vorrechte und Privilegien des Adels wurden in der Nachtsitzung vom 4. August 1789 aufgehoben. Auf dem Wege nach Haus schwärmte Mirabeau von dieser glorreichen Tat. „Ah", sagte er zu seinem Begleiter, „alle Stände sind nun gleich. Wir haben alle Titel auf dem Altar des Vaterlandes geopfert." Daheim war ihm ein Bad bereitet worden, doch die Temperatur des Wassers behagte ihm nicht. Er*

klingelte seinem Kammerdiener und schalt ihn aus. Der entschuldigte sich und sagte: „Das Bad ist genauso angerichtet worden wie immer, mein Herr." Mirabeau fuhr auf. „Wie? Was? Herr sagst du? Ich denke, Kerl, für dich bin ich immer noch der Graf Mirabeau."

3 *Im Sturm der allgemeinen Begeisterung wagte Mirabeau die Prophezeiung: „Die französische Revolution wird die Reise um die Welt machen."*

4 *Ein schlimmes Wort lief unter den Deputierten um. „Für Geld tut Mirabeau alles, sogar ein gutes Werk."*

5 *Die bösen Zungen hatten recht. Mirabeau war vom Hofe gekauft worden. Er kannte die Gefahr, die ihn wegen seines Doppelspiels umlauerte, riefen doch schon die Zeitungsjungen auf der Straße die Schlagzeile aus: „Hochverrat! Graf Mirabeau! Ein Sou!" Als er wieder einmal sich anschickte, die Rednertribüne zu besteigen, äußerte er: „Ich weiß, von da oben komme ich herunter entweder im Triumph oder in Stücke zerfetzt."*

6 *Von der Königin Marie-Antoinette heimlich in Audienz empfangen, bat Mirabeau darum, ihr die Hand küssen zu dürfen. Sie gewährte es ihm. Diese Gnade riß ihn zu der Prahlerei hin: „Madame, die Monarchie ist gerettet."*

7 *Das Übermaß seiner Leidenschaften, seiner Arbeiten und Anstrengungen zehrte an seiner Lebenskraft. Er nahm aber darauf keine Rücksicht. Einst kam er von einer Sitzung, auf der er fünfmal das Wort ergriffen hatte, völlig erschöpft nach Hause zurück. Sein Arzt warnte ihn: „Wenn Sie so weitermachen, töten Sie sich." Mirabeau, pathetisch wie immer, antwortete: „Kann man weniger tun für die Gerechtigkeit und für eine große Sache?"*

8 *Freunde versuchten dem Sterbenden dadurch Erleichterung zu verschaffen, daß sie ihn etwas aufrichteten. Er dankte ihnen. „Ja, stützt nur mein Haupt! Ich wollte, ich könnte es Euch vermachen."*

Arbeitsimpulse:

Welche Eigenschaften Mirabeaus lernt man aus den Anekdoten kennen? Wie schätzten ihn seine Zeitgenossen ein? Welche Aspekte der Französischen Revolution werden aus den Anekdoten sichtbar? Nehmen Sie Stellung zu Mirabeaus Einschätzung in der dritten Anekdote. Was sagt die zweite Anekdote über den Revolutionär Mirabeau aus?

Das Schicksal der Königsfamilie

Historischer Hintergrund:

Ludwig XVI., französischer König seit 1774, gelang es trotz genialer Minister wie Turgot nicht, die Staatskrise zu lösen. Nach anfänglich zögernder Haltung wollte er sich im Verlaufe der Revolution nicht mit der durch die Verfassung von 1791 stark eingeschränkten Monarchie abfinden. Der Nationalkonvent erklärte ihn nach seiner gescheiterten Flucht am 21. September 1792 für abgesetzt und ließ ihn wie auch seine Frau Marie-Antoinette, eine Tochter Maria Theresias, hinrichten.

1 *Der Bürgermeister von Straßburg begrüßte die junge Königin mit einer feierlichen Ansprache auf deutsch. Sie unterbrach ihn. „Reden Sie nicht weiter“, bat sie, „von heute ab will ich keine andere Sprache hören als Französisch.“*

2 *Am 8. Juni 1775 hielt Marie-Antoinette zum erstenmal Einzug in Paris. Triumphbogen waren aufgebaut worden. Fahnen flatterten und jubelnde Zuschauer drängten sich in die Straßen. Als Marie-Antoinette vom Balkon der Tuilerien aus die ungeheure, wogende Menge sah, erschrak sie fast und sagte verwirrt: „Mein Gott, wie viele Menschen!“ Neben ihr stand der Gouverneur von Paris, Marschall Brissac. Galant verbeugte er sich. „Madame, Sie sehen zweihunderttausend Menschen, die in Sie verliebt sind.“*

3 *König Ludwig XVI. war ein armseliger, gutmütiger Schwächling, der sich niemals gegen die Revolution entschlossen zur Wehr setzte. Anders die stolze Marie-Antoinette. Mirabeau urteilte deshalb über sie: „Der einzige Mann am Hofe des Königs, das ist – seine Frau.“*

4 *Der Maler David, ein überzeugter Jakobiner, drang in die Loge ein und begann den König zu skizzieren. Er wurde mit seinem ständigen Beobachten so lästig, daß der König schließlich fragte: „Wann sind Sie mit meinem Porträt fertig?“ David antwortete: „Nur der Kopf fehlt noch, aber den male ich erst, wenn ich ihn im Sack vor mir liegen sehe.“*

5 *Auf der Fahrt zum Gefängnis, dem Temple, saß neben dem König der Maire von Paris, Pétion. Der Wagen kam über den Platz Vendôme, wo am Tage zuvor das Denkmal Ludwigs XIV. umgestürzt worden war. Hämisch wies Pétion auf den Trümmerhaufen. „Da sehen Sie nun, wie das Volk seine Könige behandelt.“ „Gebe Gott“, erwiderte der König, „daß seine Wut sich nur an leblosen Dingen austobt.“*

6 Im Temple erhielt der König durch seinen Anwalt Malesherbes stets die neuesten Zeitungen, angefüllt mit den Schmähreden und den wilden Drohungen der Deputierten. Ludwig las sie so, als enthielten sie ganz belanglose Nachrichten. Malesherbes erstaunte. „Wie können Eure Majestät das alles lesen ohne Entsetzen?“ fragte er. „Ach, ich will bloß sehen, wie weit die Schlechtigkeit der Menschen geht. Man wird nie ihresgleichen finden.“

7 Im Konvent wurde über Leben und Tod des Königs verhandelt. Auch der Herzog von Orléans, der sich Philipp Egalité nannte, um den Jakobinern zu schmeicheln, mußte sein Votum abgeben. Obwohl er der Oheim Ludwigs war, stimmte er unbedenklich für Tod. Das war sogar seinen eigenen Parteifreunden zu viel. Ein lautes Murren erhob sich, und voll Ekel rief ein Abgeordneter: „O dieser Schurke!“

8 Marie-Antoinette wurde in der Conciergerie untergebracht, jenem furchtbaren Kerker, den nur selten ein Gefangener lebend verließ. Die Pforte war sehr niedrig, und bei ihrem Eintrit stieß sie heftig gegen einen Balken. Ihr Begleiter fragte sie, ob sie sich wehe getan habe. „Nein“, antwortete sie, „mir kann nichts mehr wehe tun.“

9 Eine ungeheure Menge umlagerte das Schafott, auf dem die Königin gerichtet werden sollte. Aus den zweihunderttausend Liebenden waren zweihunderttausend Hasser geworden. „Meine Leiden“, sagte Marie-Antoinette zu ihnen, „enden jetzt, aber eure beginnen erst.“

Arbeitsimpulse:

Welche Phasen („Ancien régime“, konstitutionelle Monarchie, „Schreckensherrschaft“) der Französischen Revolution zeigen sich in den Anekdoten? Welche Eigenschaften der Königsfamilie, welches Verhalten der Massen werden deutlich? Was sagt das Beispiel des Herzogs von Orleans aus?

Der „Schrecken“ der Revolution

Historischer Hintergrund:

Als die Macht seit April 1793 immer stärker auf den Wohlfahrtsausschuß überging, wurde der „Schrecken“ (La Terreur“) der Revolution immer größer. Dem neu erfundenen Massenvernichtungsmittel, der Guillotine, fielen Tausende zum Opfer, nach der Königsfamilie auch die Revolutionäre Danton und Robespierre.

1 Marie-Jeanne Roland, die kluge und einflußreiche Egeria (Vertraute) der Gerondisten, entging nicht ihren jakobinischen Feinden. An ihrem letzten Tage kleidete sie sich sorgsam in blendendes Weiß zum Zeichen ihrer Herzensreinheit. In dunklen Locken floß ihr langes Haar hinab bis zum Gürtel. Droben auf dem Blutgerüst bewahrte sie unerschüttert ihre Fassung. Kurz ehe sie auf das Brett geschnallt wurde, fiel ihr Blick auf die Statue der Freiheit. Sie verneigte sich vor ihr und sagte: „O Freiheit, wie viele Verbrechen begeht man in Deinem Namen!“

2 Viel Blut war seit Beginn der Revolution schon geflossen, aber es war noch immer nicht genug. Barrère, den man den Anakreon der Guillotine nannte, weil er das Fallbeil mit dichterischen Redeblumen umkränzte, forderte unablässig neue Opfer. Er begründete das mit den Worten: „Der Baum der Freiheit kann nicht wachsen, wenn er nicht mit Blut begossen wird.“ Und dem Konvent rief er zu: „Setzen wir den Schrecken auf die Tagesordnung!“

3 Je schneller die Guillotine arbeitete, um so peinlicher war man bemüht, politischen Gesprächen auszuweichen. Nun war gerade ein riesenhafter Elefant nach Paris gekommen und zur Schau gestellt worden. Er erregte großes Aufsehen. Als in einer Gesellschaft jemand die Rede auf die Politik bringen wollte, beugte Duclos sich vor und riet: „Sprechen wir lieber von dem Elefanten! Das ist das einzige Ungeheuer, von dem man heute ohne Gefahr sprechen kann.“

4 Jemand legte einem Geschworenen die Frage vor, was die soeben zum Tode Verurteilten verbrochen hätten. „Ich habe keine Ahnung“, erhielt er zur Antwort, „aber wenn Du es gern wissen willst, brauchst Du nur hinter ihnen herzulaufen. Die Karren fahren gerade ab.“

5 Zu den Opfern der Guillotine zählte auch Lavoisier, der bedeutendste Chemiker seiner Zeit. Er bat dringend um Aufschub der Hinrichtung, da er noch ein Experiment zu Ende führen wolle. Ihm wurde bedeutet: „Die Republik braucht weder Gelehrte noch Chemiker.“

6 Ein eigentümlicher Sonderling, der Graf von Schlabrendorf aus Schlesien, der sich in Paris ansässig gemacht hatte, war in den Kerker geworfen worden. Der Karren rollte vor, um ihn und viele andere zur letzten Fahrt abzuholen. Angekleidet war er rasch, nur die Schuhe fehlten ihm noch. Alles Suchen war vergeblich. Da wandte er sich an den Schließer und sagte treuherzig: „Ohne Schuhe kann ich nicht fort. Das sehen Sie doch ein. Nehmen Sie mich morgen mit statt heute! Auf einen Tag kommt es ja nicht an." Der Schließer lachte. „Gut, also morgen!" Am nächsten Tage stand Schlabrendorf wohlbeschuht zur Abholung bereit; aber sein Name wurde nicht aufgerufen. Er wurde nie mehr aufgerufen. Die Liste, auf der er gestanden hatte, war abgetan, und er galt als guillotiniert.

7 *Danton vor dem Revolutionstribunal. Man fragt ihn nach seinen Personalien. „Ich bin Danton", antwortet er, „zur Genüge bekannt, fünfunddreißig Jahre alt. Meine Wohnung wird bald das Nichts sein, aber mein Name wird im Pantheon der Geschichte fortleben."*
Als man ihn auf dem Schafott festbinden wollte, sagte er spöttisch: „Ein Riemen genügt, den andern schont für Robespierre!"
Auf dem Schafott wollte ihn Herault Sechelles, sein Todesgenosse, noch einmal umarmen, aber Danton beschied ihn: „Getrost, mein Freund, dort im Sack der Guillotine werden sich unsere Köpfe noch einmal begegnen; dort mögen sie sich küssen."

8 *Als Madame de Stainville aufs Schafott geführt wurde, bat sie um Schminke, denn, so sagte sie, „wenn die Natur einen Augenblick schwach werden sollte, so soll die Kunst helfen, es zu verbergen."*

9 *Martainville wurde in der Revolutionszeit als überführter Königstreuer vor das Revolutionsgericht gebracht. Fouquier-Tinville, der öffentliche Ankläger, rief ihn auf: „De Martainville!"*
„Verzeihung", erwiderte der Angeklagte, „nur Martainville. Ich bin hier, um verkürzt und nicht um verlängert zu werden."
Dieser Geistesblitz rettete ihn vor der Guillotine, denn der Präsident, hierdurch zum Wetteifer an Geist aufgestachelt, erwiderte: „Alors, qu'on l'élargisse!" (So laßt ihn frei, wörtlich: verbreitert ihn.)

10 *Als Fouquier-Tinville, der Tausende zur Guillotine geschickt hatte, selbst zum Tode verurteilt worden war, kündete ihm der Gefängnisvorsteher sein Schicksal an:*
„Citoyen Fouquier-Tinville, der Augenblick ist gekommen, da Sie dem französischen Volk Ihre Schuld zu zahlen haben.
„Ich erkläre mich bankrott", erwiderte der Citoyen.

11 *Vor dem Revolutionstribunal.*
„Dein Name?"
„Marquis von Saint-Cyr."
„Es gibt keinen Marquis mehr!"
„Von Saint-Cyr."
„Es gibt kein ‚von' mehr!"
„Saint-Cyr."

„Es gibt keinen Heiligen mehr!"
„Sire Cyr."
„Es gibt keinen Sire mehr!"
Und wenige Stunden später gab es tatsächlich keinen Marquis von Saint-Cyr mehr.

Arbeitsimpulse:

Welche Merkmale der Terrorherrschaft werden deutlich? Welche menschlichen Größen, welche Schwächen werden bei den Vorgängen offenkundig? Welche Faktoren sind typisch für eine diktatorische Schreckensherrschaft? Lassen sie sich auch bei anderen historischen Ereignissen finden (z.B. Russische Revolution, Stalinismus, Chinesische Revolution)?

Zeitgenössische Urteile über Robespierre

Historischer Hintergrund:

Maximilien Robespierre war seit 1789 Deputierter des Dritten Standes. Er baute später als Mitglied des Wohlfahrtsausschusses seine Machtstellung aus. Unter seiner Herrschaft erreichte der „Schrecken" seinen Höhepunkt, bis er selbst am 28. Juli 1794 der Guillotine zum Opfer fiel.

1 *Zwei Männer wirkten besonders stark auf den Gang und die Gestaltung der Revolution ein, Robespierre, der strenge Asket, und Danton, der machtberauschte Schwelger. Anfänglich hatte man Robespierre für einen harmlosen und lächerlichen Narren gehalten. Als er in der Gesetzgebenden Versammlung einen törichten Antrag einbrachte, geriet ein Deputierter darüber in heftigen Zorn und verlangte stürmisch das Wort. Der Präsident Condorcet mahnte ihn zur Ruhe. „Es hat doch keinen Sinn", sagte er, „die Keule des Herkules gegen einen Floh zu schwingen, der doch mit dem Winter verschwinden wird."*

2 *Anders urteilte Mirabeau. Nachdenklich hörte er Robespierre reden. Dann schüttelte er sein Löwenhaupt und meinte: „Dieser Mensch wird einmal etwas ausrichten. Er glaubt nämlich jedes Wort, das er spricht."*

3 *Auf dem Gipfel der Macht dekretierte Robespierre die Existenz eines „Höchsten Wesens". Bei dem prunkvollen Fest, das er aus diesem Anlaß feiern ließ, erschien er in einem himmelblauen Frack, weißen Kniehosen, blauweißroter Seidenschärpe und am Hut eine* *prächtigwallende Straußenfeder. Da meinte ein Arbeiter: „So ein Kerl! Es ist ihm nicht genug, daß er der Herr ist. Jetzt will er noch der liebe Gott sein."*

4 *Wie schon an so vielen erfüllte sich auch an Robespierre das Wort Vergniauds, daß die Revolution wie Saturn ihre eigenen Kinder verschlinge. Am 9. Thermidor des Jahres II vom Konvent gestürzt, wurde er auf das Schafott geschleppt. Das Beil fiel. Aber einer Mutter, die ihre beiden Söhne durch die Guillotine verloren hatte, war das nicht genug. In wahnwitzigem Haß schrie sie dem Henker zu: „Noch einmal! Noch einmal!"*

Arbeitsimpulse:

Welche Möglichkeiten bot die Revolution Männern wie Robespierre und Danton? Warum wird Robespierre so unterschiedlich eingeschätzt? Warum verfing der neue Kult beim einfachen Volk nicht? Aus welchen Gründen wird gerade Robespierre so emotional beurteilt? Zeigen Sie aufgrund Ihrer Kenntnisse, inwieweit Mirabeau (Anekdote 2) recht hat.

II. Das Zeitalter Napoleons I.

Zeittafel

1799	Staatsstreich vom 18. Brumaire: Napoleon wird 1. Konsul
1804	Krönung Napoleons I. zum Kaiser
1805	Seeschlacht bei Trafalgar
	Dreikaiserschlacht bei Austerlitz
1806	Ende des „Heiligen Römischen Reiches Deutscher Nation“
	Doppelschlacht bei Jena und Auerstedt
1812	Rußlandfeldzug Napoleons I.
1813–1815	Die Befreiungskriege
1813	Völkerschlacht bei Leipzig
1814–1815	Wiener Kongreß
1815	Schlacht bei Waterloo
1815	Gründung des Deutschen Bundes

Nelson und der militärische Gehorsam

Historischer Hintergrund:

Der englische Admiral Horatio Nelson war Napoleons wichtigster Gegenspieler auf englischer Seite. Als Oberbefehlshaber der englischen Flotte erwarb er sich großen Ruhm, als er bei Trafalgar (1805) die Franzosen besiegte. Bekannt wurde sein Ausspruch: „England expects everyman to do his duty.“ Seine letzten Worte sollen gewesen sein: „Gott sei Dank, ich habe meine Pflicht getan.“ Weniger bekannt ist, daß er gelegentlich auch eine gewisse „Schlitzohrigkeit“ zeigen konnte, wie die folgende Geschichte enthüllt:

> *Um die Jahrhundertwende fühlte sich England durch den Zusammenschluß von Dänemark, Schweden, Rußland und Preußen bedroht. Wenn die Flotten dieser Staaten gemeinsam operierten, waren sie der britischen Seemacht gewachsen. Dänemark allein verfügte über 23 Linienschiffe. Hyde Parker erhielt den Auftrag, sie in Kopenhagen zu überfallen und zu vernichten. Bei dem Angriff erlitt aber das Geschwader, das Nelson führte, so schwere Verluste, daß der besorgte Flotten-*

chef ihm durch Signal den Befehl zum Rückzuge gab. Nun hatte Nelson schon vor Jahren sein rechtes Auge eingebüßt. Er wandte sich an Kapitän Foley: „Sie wissen, daß ich nur ein Auge habe. Ich habe also das Recht, bisweilen blind zu sein.“ Dann hielt er das Fernrohr vor die leere Augenhöhle und sagte: „In der Tat, ich sehe das Signal nicht.“ Er griff erneut an und errang einen großen Sieg.

Arbeitsimpulse:

Inwieweit ist Nelsons Verhalten für einen Soldaten ungewöhnlich? Nennen Sie historische Parallelen (z.B. Tauroggen, Hitlers Generale Rommel und Paulus). Welche Folgen konnten bei solchem Verhalten entstehen?

Anpassungsfähig und geistreich: Talleyrand

Historischer Hintergrund:

Ein außergewöhnliches Beispiel für Anpassungsfähigkeit an die jeweiligen Machtverhältnisse stellt die politische Karriere des französischen Außenministers Talleyrand dar. Vor der Revolution hatte er es durch gute Beziehungen zum Bischof von Autun gebracht, dann diente er der Revolution und dem Direktorium als Außenminister. Die gleiche Funktion hatte er unter Napoleon und bei den Bourbonen. Sogar der erneute Wechsel 1830 konnte seine Position nicht gefährden; er wurde Botschafter Frankreichs in London.

1 *Nachdem Napoleon Josephine Beauharnais geheiratet hatte, deren Ruf nicht der beste gewesen war, mußte auch Talleyrand seine Geliebte heiraten, Madame Grand. Als Talleyrand sie bei Hof vorstellte, sagte Napoleon auf seine brutale Art:*
„Jetzt, da Sie Madame de Talleyrand sind, wünsche ich, daß Sie sich Ihrem neuen Stand entsprechend benehmen.“
Die arme Frau war nicht gerade schlagfertig, aber Talleyrand erwiderte für sie:
„Seien Sie unbesorgt, Sire; meine Frau wird sich an der Kaiserin ein Beispiel nehmen.“

2 *Beim Wiener Kongreß tobte Zar Alexander gegen den König von Sachsen: „Der König ist ein Verräter!“*
Worauf Talleyrand mit Anspielung auf Tilsit, wo auch Alexander sich mit Napoleon recht gut vertragen hatte, die Antwort gab:
„Sire, Verrat ist eine Frage des Datums.“

3 Während der Julirevolution, als die Sturmglocken läuteten und die Straßenkämpfe tobten, saß Talleyrand am Whisttisch und lauschte bisweilen dem Lärm, der ins Zimmer drang. Nach einer Weile erklärte er: „Hört doch! Wir siegen!" „Wer wir?" wollten seine Partner wissen. „Pst", entgegnete Talleyrand mit dem Finger an den Lippen, „das werde ich euch morgen sagen."

4 Talleyrand stand vor dem König Louis Philippe, der nach der Flucht Karls X. die Krone erhalten hatte, und sollte den Treueid leisten. Schon hob er die Hand zum Schwur, da hielt er einen Augenblick inne und lächelte: „Sire, es ist mein Siebenter." Dann sprach er getrost die Eidesformel nach.

Zeitgenössische Urteile über Talleyrand

1 Aus Spanien zurückgekehrt, ließ Napoleon Talleyrand kommen, dessen Treue ihm sehr zweifelhaft geworden war. Er überhäufte ihn mit Schimpfworten und nannte ihn Dieb, Feigling, Verräter, einen Haufen Mist in seidenen Strümpfen. Talleyrand lehnte indessen unbeweglich am Kamin und schien die wüste Scheltrede gar nicht zu bemerken. Als er forthinkte, sagte er gelassen: „Schade, daß ein so großer Mann so schlecht erzogen ist." Am nächsten Tage stellte er sich wieder in den Tuilerien ein, heiter lächelnd, so als ob nichts geschehen sei. Der General Lannes urteilte deshalb über Talleyrand: „Man kann den Kerl zwanzigmal in den Hintern treten, ohne daß man auf seinem Gesicht eine Veränderung gewahr wird."

2 Talleyrand, der Amoralische, Gewissenlose, und Fouché, der Mörder von Lyon, begaben sich zu Ludwig XVIII., ihm Huldigung zu leisten und den Treueid zu schwören. Zufällig befand sich im Vorzimmer der Dichter Chateaubriand und sah, wie die beiden in das königliche Kabinett schritten, Talleyrand hinkend und sich an dem Arm Fochés haltend. Da konnte er die bissige Bemerkung nicht unterdrücken: „Das Laster, gestützt auf das Verbrechen."

3 Es wurde bekanntgegeben, daß Talleyrand gestorben war. Ein Diplomat am Wiener Hof sagte, als er die Nachricht hörte: „Ein hinterhältiger Mensch. Was mag er nur damit wieder bezweckt haben?"

Arbeitsimpulse:

Welche Eigenschaften Talleyrands zeigen die Anekdoten? Welche seiner Eigenschaften waren für ihn besonders nützlich? Bei welchen Gelegenheiten – außer den genannten – konnte er seine besonderen „Talente" noch beweisen?

Vom Wert eines Menschenlebens

Historischer Hintergrund:

Napoleon dachte vorwiegend in militärischen Kategorien – Metternich in staatmännischen. Klemens Fürst von Metternich, in Koblenz geboren, seit 1809 österreichischer Außenminister war es gelungen, Österreich eine Atempause gegen Napoleons Frankreich zu verschaffen.

1 *Rückblickend auf den Feldzug von 1812 sagte Napoleon im Gespräch mit Metternich: „Die Franzosen können sich nicht über mich beklagen. Um sie zu schonen, habe ich die Deutschen und die Polen geopfert. Ich habe dreimalhunderttausend Mann verloren." „Sie vergessen, Sire", versetzte Metternich, „daß Sie zu einem Deutschen sprechen."*

2 *Während des Waffenstillstandes im Juni verhandelte Metternich mit Napoleon. Er wies darauf hin, daß die französischen Soldaten noch Kinder seien. „Wenn diese jugendliche Armee", so warnte er, „dahingerafft wird, was dann?" Als Napoleon diese Worte hörte, übermannte ihn der Zorn. Er wurde bleich, und seine Züge verzerrten sich. „Sie sind nicht Soldat und wissen nicht, was in der Seele eines Soldaten vorgeht. Ich bin im Felde aufgewachsen, und ein Mann wie ich pfeift auf das Leben von einer Million Menschen." Dabei warf er wütend seinen Hut in die Ecke.*

Arbeitsimpulse:

Wie wird in den Anekdoten über Menschenleben geurteilt? Sind diese Äußerungen typisch für die Zeit? Kann Metternich zu Recht als Deutscher sprechen (Herkunft)?

Napoleon setzt sich durch

Historischer Hintergrund:

Napoleon Bonaparte, Sohn eines korsischen Advokaten, wurde 1785 Leutnant, 1794 Brigadegeneral, 1796 Oberbefehlshaber der Italienarmee, 1797 übertrug ihm das Direktorium den Oberbefehl über die Englandarmee. 1798 leitete er die ägyptische Delegation. Bekannt sind seine Worte, mit denen er dort seine Soldaten anfeuerte: „Soldaten, vier Jahrtausende schauen auf euch herab."

1 Napoleon Bonaparte war von Statur sehr klein. Da er schon in früher Jugend, als 25jähriger, kommandierender General wurde, fand er bei seinen Unterbefehlshabern, die durchgehend bedeutend älter und auch körperlich stattlicher waren als er, nicht immer den nötigen Gehorsam.
Als sich einmal General Kléber widerspenstig zeigte, trat Napoleon, der immer wiederkehrenden Auflehnung müde, schroff an ihn heran und sagte: „General, Sie sind um einen Kopf größer als ich. Aber noch einmal nicht bedingungslos gehorcht, und dieser Unterschied wird verschwinden!" Das half.

2 Zum Dank für die Rettung des Konvents wurde Napoleon an die Spitze der Armee in Italien gestellt. Er war damals noch nicht siebenundzwanzig Jahre alt. Kriegsminister Aubry meinte deshalb, er sei noch recht jung für ein solches Kommando. Napoleon erwiderte ihm: „Man altert schnell auf dem Schlachtfelde."

3 Bonaparte war 26 Jahre alt, als er an die Spitze der italienischen Armee gestellt wurde. Seine Gegner frohlockten, da sie annahmen, daß dieser Neuling versagen müsse. Napoleon sagte nur, als er davon hörte: „In einem Jahr bin ich alt oder tot." Deshalb jubelten seine Soldaten bei der Einnahme Mailands: „Notre général a mille ans!"

Bewunderung für den Erfolgreichen

Historischer Hintergrund:

Napoleons Aufstieg nach seinen ersten militärischen Erfolgen vollzog sich rasch: Staatsstreich 1799 1. Konsul, 1802 Konsul auf Lebenszeit, 1804 Kaiser, 1805 in Mailand mit der Eisernen Krone zum König von Italien gekrönt.

1 Nach der siegreichen Schlacht eilte General Kléber zu Napoleon und schloß ihn begeistert in die Arme. „Sie sind groß wie die Welt", schwärmte er, „aber die Welt ist zu klein für Sie!"

2 Aus Ägypten zurückgekehrt, erzwang Napoleon eine neue Staatsverfassung. Zusammen mit zwei beratenden Konsuln trat er als „Erster Konsul" an die Spitze Frankreichs. Nach der ersten Sitzung der drei nahm der Konsul Roger Ducos seinen Kollegen Sieyès beiseite und sagte zu ihm: „Wir haben jetzt einen Herrn, der alles zu machen versteht, alles machen kann und alles machen will."

3 Auf der Fahrt nach dem österreichischen Kriegsschauplatz wurde Napoleon in Arras mit Jubel empfangen. Der Präfekt der Stadt sagte in seiner Ansprache: „Gott schuf Bonaparte und ruhte." Als Herr von Narbonne davon erfuhr, spottete er in intimen Kreisen: „Gott hätte wohl daran getan, ein wenig früher zu ruhen."

4 Napoleon stand auf dem Gipfel der Macht. In Erfurt scharten sich die Fürsten Europas um ihn wie um ihren Herrn, und die Bürger der Stadt empfingen ihn mit Glockengeläut und Transparenten. Eines von ihnen trug die Inschrift:
Gäb's jetzt noch einen Göttersohn,
So wär's gewiß Napoleon.

Kritische Urteile über Napoleon

Historischer Hintergrund:

Die widersprüchlichen Urteile über Napoleon erklären sich aus seiner komplexen Persönlichkeit, wie auch aus seiner historischen Stellung zwischen Französischer Revolution, aufgeklärter Reform und Reaktion.

1 Zwischen Napoleon und Kaiser Franz II. kam es auf dem Schlachtfelde von Austerlitz zu einer Begegnung. Napoleon wies auf sein Zelt hin und sagte: „Das ist der Palast, den ich, durch Eure Majestät gezwungen, seit drei Monaten bewohnen muß." Franz erwiderte: „Sie brauchen mir deshalb nicht zu zürnen, denn Sie haben großen Nutzen daraus gezogen." Später, als die Aussprache beendet war, äußerte er zu seinem Adjutanten: „Jetzt, wo ich Napoleon gesehen habe, mag ich ihn schon gar net leiden."

2 Napoleon hatte schon abgedankt. Da hörte er in der Ferne Kanonendonner. Sofort erwachte seine unbändige Kriegslust aufs neue, und er erbot sich, hinüberzueilen und zu kämpfen – nicht mehr als Kaiser, sondern als Frankreichs erster Soldat. Fouché verhehlte nicht, wie lächerlich ihm dieses Anerbieten vorkam. „Als Kaiser", sagte er mit ätzendem Hohn, „kann er uns nicht mehr helfen, und zum Korporal ist er zu dick."

3 1821 starb der Korse auf der fernen, einsamen Insel St. Helena. Die Kunde vom Tode Napoleons drang auch in den Salon der Frau Crawford. Dort waren gewöhnlich die an der Politik Frankreichs interessierten Kreise versammelt. Die Botschaft bewirkte zunächst beklommenes Schweigen. Der alte Talleyrand, Napoleons erster Minister, saß stumm und unbewegten Gesichtes in einem Winkel. Jemand sagte: „Welch' ein Ereignis!" Da hörte man Talleyrands tiefe Stimme: „Das ist kein Ereignis mehr. Das ist nur noch eine Neuigkeit."

Arbeitsimpulse:

Welche Motive haben die Bewunderer Napoleons? Aus welchen Gründen wird er zuweilen negativ oder sogar abfällig beurteilt? Welche Eigenschaften charakterisieren ihn in den Anekdoten? Warum war er bei seinen Soldaten so populär?

Die Konvention von Tauroggen

Historischer Hintergrund:

Die Konvention von Tauroggen – im Dezember 1812 geschlossen – ist bei den Historikern umstritten. General Yorck, ein altpreußisch-konservativer Gegner der preußischen Reformen, hatte im preußischen Interesse, aber gegen den Willen seines Königs gehandelt, indem er mit dem russischen General Diebitsch ein Neutralitätsabkommen schloß und damit Ostpreußen für die russische Armee öffnete. Im Auftrag des Zaren stellen Yorck, der Freiherr vom Stein und die ostpreußischen Landstände Landwehreinheiten (Volksmilizen) zusammen.

Durch die Konvention von Tauroggen Dezember 1812 sagte sich General York von den Franzosen los. Der Entschluß zu einer so eigenmächtigen Tat war ihm nicht leicht geworden. Er erklärte deshalb seinen Offizieren, die sich darüber freuten: „Ihr jungen Leute habt gut reden, mir Altem aber wackelt der Kopf auf den Schultern." Und dem Könige meldete er: „Sollten es die politischen Verhältnisse erheischen, daß Ew. Majestät mich verurteilen, so schwöre ich, daß ich auf dem Sandhaufen ebenso ruhig wie auf dem Schlachtfelde, auf welchem ich grau geworden bin, die Kugel erwarten werde. Ich bitte daher Ew. Majestät um die Gnade, bei dem Urteil, das gefällt werden muß, auf meine Person keine Rücksicht nehmen zu lassen. Auf welche Art ich sterbe, ich sterbe immer wie Ew. Majestät alleruntertänigster und getreuester Untertan."

Arbeitsimpulse:

Wie schätzt General Yorck nach dieser Anekdote seine Handlungsweise ein? Vergleichen Sie die Haltung Yorcks mit der Nelsons, als er vorgab, einen Befehl nicht empfangen zu haben (vgl. Anekdote zu Nelson).

Der Wiener Kongreß

Historischer Hintergrund:

Als die Vertreter der europäischen Mächte 1814 in Wien über die Neuordnung Europas berieten, lebte Napoleon als Verbannter auf der Insel Elba. Als er überraschend in Südfrankreich landete, platzte die Nachricht von seiner Rückkehr wie eine Bombe in die Verhandlungen.

Metternich hatte sich in der Nacht zum 7. März spät zur Ruhe begeben. Schon gegen sechs Uhr früh weckte ihn sein Kammerdiener und überbrachte ihm eine sehr dringende Depesche. Sie war von dem K. K. Generalkonsulat in Genua aufgegeben worden. Metternich las den Absender und überließ sich wieder der Ruhe. Was hatte ein Generalkonsul schon Wichtiges zu melden! Erst gegen halb acht entschloß er sich, die Depesche zu öffnen. Sie enthielt in sechs Zeilen die Mitteilung, daß Napoleon von Elba entflohen sei. Das war Metternich in wenigen Minuten angekleidet und eilte mit seiner Nachricht von einem Monarchen zum anderen.

Redewendungen während des Wiener Kongresses

1 *Der Wiener Hof nahm 1815 die zahllosen Gäste aus nah und fern, die zum sog. Wiener Kongreß zusammengeströmt waren, aufs glänzendste auf. Fest folgte auf Fest. Ein alter Fürst scherzte: „Der Kongreß tanzt und kommt nicht vorwärts." Und doch hätte er eine wichtige Aufgabe für Europa zu bewältigen gehabt. „Die Aufgabe könnte einen Herkules erdrücken", meinte ein Staatsmann.*

2 *Auf dem Wiener Kongreß behielten die Rheinbundstaaten ungefähr das, was sie sich unter Napoleon angeeignet hatten. Auch die Titel, die sie von Napoleons Gnaden führten, änderten sich nicht. Die öffentliche Meinung war daher mit der Kongreßarbeit nicht sonderlich zufrieden. Blücher gab dieser Mißstimmung mit den derben Worten Ausdruck: „Wir haben einen tüchtigen Bullen nach Wien gebracht und einen schäbigen Ochsen nach Hause!"*

3 *„Der König von Rußland liebt für alle, der König von Preußen denkt für alle, der König von Bayern trinkt für alle, der König von Württemberg frißt für alle und der Kaiser von Österreich zahlt für alle."*

Arbeitsimpulse:

Welche Einschätzung Napoleons erfährt der Leser aus diesen Anekdoten? Welche Lehren ziehen die Fürsten und Diplomaten in Wien aus seiner überraschenden Rückkehr aus dem Exil? Welche Einschätzung zum Wiener Kongreß macht die dritte Anekdote deutlich? Beurteilen Sie anhand Ihrer Kenntnisse, ob diese Einschätzung zutreffend ist. Berücksichtigen Sie dabei die Zeitdauer und Ergebnisse des Kongresses.

Metternichs Ansichten

Historischer Hintergrund:

Metternich lehnte die Französische Revolution kompromißlos ab. Nach dem Wiener Kongreß wurde er zum maßgebenden Staatsmann der Restauration. Seine Politik fasziniert bis heute Historiker und Politiker, z. B. Henry Kissinger, der ein Buch über seine „Staatskunst“ schrieb.

1 ***Klemens Wenzel Lother Fürst von Metternich (1773–1859), dem Kanzler Kaiser Franz II. von Österreich, dem „Kutscher Europas“, war es gelungen, die europäischen Revolutionen des 19. Jahrhunderts dreiunddreißig Jahre lang aufzuhalten. Seine unruhige Mitwelt ließ sich das zwar nicht ohne weiteres gefallen, mußte sich jedoch stets mit einem bezaubernden Lächeln und der Antwort abfinden lassen: „Die Nachwelt wird über mich urteilen. Das ist das einzige Urteil, das mich interessiert, das ich aber, Gott sei Dank, niemals hören werde.“***

2 ***Während des Wiener Kongresses kam das Gespräch auf die Österreicher im allgemeinen, und es wurde auch von der Wiener Schlamperei gesprochen. Metternich warf ein: „Ich weiß gar nicht, was die Leute immer daherreden von der sogenannten österreichischen Schlamperei. Diese stellt ein gut durchdachtes System dar. Nichts ist bei uns ohne eine behördliche Genehmigung erlaubt, trotzdem kann jeder machen, was und wie es ihm beliebt. So ist es die einzige Möglichkeit, in Österreich absolut zu herrschen.“***

Arbeitsimpulse:

Welches Urteil der Nachwelt erwartet Metternich? Begründen Sie seine Erwartung mit Hilfe seiner wesentlichen politischen Maßnahmen („Karlsbader Beschlüsse“, Unterdrückung des Liberalismus). Nehmen Sie Stellung zu Metternichs Behauptung, „in Österreich absolut zu herrschen“.

II. Staat und Gesellschaft im Vormärz (1815–1848)

Zeittafel

1814–1815	Wiener Kongreß; Deutsche Bundesakte Heilige Allianz
1817	Wartburgfest
1819	Mord des Studenten Karl Sand an dem Dichter Kotzebue; Karlsbader Beschlüsse
1830	Julirevolution in Frankreich Louis Philippe von Orléans zum König gekrönt („Bürgerkönig“)
1832	Hambacher Fest
1834	Deutscher Zollverein
1837	Protest der sieben Göttinger Professoren
1848	Februarrevolution in Frankreich Revolutionäre Ereignisse in Frankreich und in den deutschen Staaten

Demagogenverfolgung

Historischer Hintergrund:

Der Mord an dem Dichter Kotzebue gab Metternich den lang gewünschten Anlaß, scharf gegen die „Demagogen“ vorzugehen. Mit den „Karlsbader Beschlüssen“ wurde jedes freie politische Leben in Deutschland unterdrückt. Dies betraf in erster Linie die Presse und die Lehrtätigkeit an den Universitäten. In Anekdoten und Karikaturen konnte sich die Opposition Spielraum verschaffen.

Der Demagog auf der Flucht
Zur Zeit des Metternichschen Verfolgungssystems wurden die unteren Behörden bisweilen greulich mystifiziert. Ein Kommissär S. in Brünn erhielt einst den boshaften Wink: „Der heute von der Polizei autorisierte Menagerieinhaber zeigt unter anderem einen großen Bären. Dieser Bär ist aber kein Bär, sondern ein in die Bärenhaut bloß eingenähter Demagog auf der Flucht.“ S. begibt sich sofort in die Bude und begehrt, allein mit dem angeblichen Bären zu sprechen. Versuche, ihn von

seinem Vorhaben abzubringen, bestärken ihn nur in seinem Verdacht. „Laß Er die Possen sein, mein Freund", sagt er zu dem Bären, „Er ist entlarvt, komm Er mit! Es sind schon Leute draußen, Ihn in Empfang zu nehmen!" Damit greift er dem Tier an die Schnauze, um ihm den falschen Gesichtsdeckel abzuheben. Mit Mühe nur wurde der eifrige Polizeimann durch die erschrockenen Aufseher von der keinen Polizeispaß verstehenden Bestie errettet.

1820: „Die zahme Presse" (zeitgenössische Karikatur)

aus: Zeiten und Menschen, Ausgabe B, Bd. 3, S. 108

1820: Der Herr General von Krähwinkel rasiert ein Dorf (anonym)

aus: Lachen streng verboten!, S. 66

Arbeitsimpulse:

Welche Züge der Demagogenverfolgung werden offenbar? Was ist damit über den Zeitgeist gesagt? Versuchen Sie die Aussagen von Anekdote und Karikaturen zu deuten!

„Es bleibt alles beim alten"

Historischer Hintergrund:

Kaiser Franz II., der im unruhigen Jahr 1835 starb, hatte die Regierungsgeschäfte weitgehend dem „starken" Fürsten Metternich überlassen, der durch die von ihm veranlaßten „Karlsbader Beschlüsse" zur eigentlichen Symbolfigur für Restauration und Unterdrückung geworden war. Franz war von 1792–1806 Kaiser des Heiligen Römischen Reiches Deutscher Nation und von 1806 bis 1835 Kaiser von Österreich gewesen.

In Wien war das Volk 1835 ernsthaft rebellisch geworden und verlangte stürmisch nach Reformen. Gerade zu der Zeit starb der greise Kaiser Franz II. Eine riesige Volksmenge – teils Trauernde, teils Schaulustige – hatten sich auf dem Wiener Burgplatz versammelt. Ein Staatsrat wurde herausgeschickt, um sie zu trösten. „Weinet nicht, Kinder", sprach er, „es bleibt ja alles beim alten!" Betrübt antwortete man ihm: „Deshalb weinen wir ja."

Arbeitsimpulse:

Welche Herrschaftsauffassung spricht aus der Anekdote? Wie schätzt die Obrigkeit die Lage ein?

Die Bürgerstunde

Historischer Hintergrund:

Auch das gehört zum Vormärz: Volkstümlich-biedermeierliches Verhalten, das bei bewußt unpolitischen Betätigungen den Widerwärtigkeiten der Politik aus dem Wege geht. Der Maler Ludwig Richter (1803–1884) schildert in seinen zahlreichen Holzschnitten häufig Szenen aus dem kleinbürgerlichen Milieu. Die „Bürgerstunde" ist zwar erst 1858 in der Sammlung „Fürs Haus" veröffentlicht worden, sie besitzt aber schon für den Vormärz dokumentarischen Wert, da Richter die Typen, die er in seiner Jugend kennengelernt hatte, in dem Bild dargestellt hat.

Die Bürgerstunde. Holzschnitt von Ludwig Richter

aus: Zeiten und Menschen, Ausgabe B, Bd. 3, S. 115

Arbeitsimpulse:

Charakterisieren Sie die Menschen der Zeichnung. Welchen sozialen Schichten gehören sie an? Welche Atmosphäre ist hier dargestellt? Versuchen Sie den Staat anhand einer bestimmten Figur zu charakterisieren („Nachtwächterstaat").

III. Die Revolution von 1848

Zeittafel

1848 Februar: Ausbruch der Revolution in Frankreich
März: Revolution in Preußen und Österreich
Mai: Eröffnung der Verfassunggebenden Versammlung in Frankfurt
1849 Ende der Nationalversammlung, Volkserhebungen am Rhein, in Berlin, Dresden, Baden und der Pfalz
1850 Vertrag von Olmütz: Wiederherstellung des Deutschen Bundes in Frankfurt
1852 Kaisertum für Napoleon III.

Der Ausbruch der Revolution in Wien

Historischer Hintergrund:

Im Februar 1848 brach in Frankreich eine Revolution aus, die das Bürgerkönigtum Louis Philippes beendete. An den Tuilerien stand zu lesen: „Großer Kramladen billig zu verkaufen wegen Aufgabe des Geschäfts“. Im März griffen die Ereignisse auf Deutschland über. In Wien waren die herrschenden Kreise nur zögernd bereit, die veränderte Lage zur Kenntnis zu nehmen:

1 *Kaiser Ferdinand I. war jeder Reform abgeneigt. Schon das bloße Wort „Konstitution“ empörte ihn. Als ihm sein Leibarzt nach der Untersuchung sagte: „Ew. Majestät haben eine treffliche Konstitution“, fuhr ihn Ferdinand an: „Was schwatzt er da von Konstitution? Ich habe keine und will keine haben. Sage er lieber ‚Natur‘!“*

2 *Den Anstoß zur Revolution in Wien gab eine Demonstration der Studentenschaft vor dem Ständehaus. Dabei ging es recht stürmisch zu, aber Metternich bewahrte seine Ruhe. Mit betonter Gelassenheit äußerte er: „Was geht das mich an!“*

3 *Auf die Demonstrationen folgten bald Straßenkämpfe. Das Knattern der Salven drang bis in die Hofburg. Eilig schloß sich Kaiser Ferdinand I. in sein Zimmer ein und behielt nur einen Lakaien bei sich, dem er sein geängstetes Herz ausschüttete. „Schauen's“, jammerte er, „i bin's net, der schießen läßt, i net.“*

4 *Eine Deputation der Bürgerschaft erschien bei Metternich, um ihm die Wünsche des Volkes vorzubringen. Noch wollte der Staatskanzler sich nicht die ganze Bedeutung der Unruhen eingestehen. Wohlwollend klopfte er dem Sprecher der Abgeordneten, Scherzer, auf die Schulter und meinte, es wäre doch eine Schande, wenn die Bürger im Verein mit dem Militär dem Straßenkrawall nicht bald ein Ende machen könnten. „Durchlaucht", begehrte Scherzer auf, „das ist kein Straßenkrawall, sondern die Revolution."*

Arbeitsimpulse:

Warum war der Begriff „Konstitution" für Ferdinand I. ein Reizwort? Aus welchem Grund schätzen die Regierenden die Situation falsch ein? Inwieweit tragen die Ereignisse eher die Züge einer Tragikomödie?

Die revolutionären Ereignisse in Berlin

Historischer Hintergrund:

Ähnlich vorbereitet trafen die Ereignisse die Regierenden in Preußen. Zu Beginn seiner Herrschaft konnte sich Friedrich Wilhelm IV. durch einige liberale Maßnahmen (z. B. Aufhebung der Zensur; Versprechen einer Verfassung für Preußen) persönlich beliebt machen; bald war aber das Volk enttäuscht darüber, daß er auf halbem Wege stehenblieb. Als der König gewisse Äußerlichkeiten Friedrichs II. nachahmte, flüsteren sich die Berliner zu:

> *„Im Schloß Sanssouci geht der Geist Friedrichs d. Großen um, aber leider ohne Kopf."*

In den folgenden Geschichten werden vor allem menschliche Schwächen sichtbar.

1 *Mitte März 1848 geriet Berlin in Aufruhr. Man verlangte eine Verfassung, den Zusammentritt eines Landtages und Pressefreiheit. Es kam zu bedenklichen Unruhen auf dem Schloßplatz. Rasch sprang der junge Fürst Lichnowsky auf einen Tisch und rief der erregten Menge zu, alle Forderungen seien vom Könige bewilligt. „Ist wirklich alles bewilligt?" erkundigte sich ein Mißtrauischer. „Ja, alles", bekräftigte Lichnowsky. „Ooch det Roochen im Dierjarten?" „Ja, auch das Rauchen im Tiergarten." Da hieß es überall: „Na, denn können wa ja zu Hause jehen."*

2 Auf die Nachricht hin, daß „alles bewilligt“ sei, strömten die Berliner in hellen Scharen zum Schloß, dem Könige eine Ovation darzubringen. Aus Versehen entluden sich dabei zwei Gewehre, vermutlich aus den Reihen der Grenadiere, die das Schloß besetzt hielten. Es wurde zwar niemand verletzt, aber sofort erhob sich ein wildes Wutgeheul, und wie durch Zauberschlag stiegen die Barrikaden empor. Die Waffenläden wurden gestürmt, und der Straßenkampf begann. Friedrich Wilhelm IV., ein weicher und mattherziger Mensch, war darüber so verzweifelt, daß er sich nach Potsdam retten wollte. Schon war er auf der Treppe. Da stellte sich ihm Graf Arnim in den Weg und funkelte ihn an: „Majestät, bleiben Sie! Sie würden sonst der erste Hohenzoller sein, der vor seinem Volke flöhe.“

3 Mit klingendem Spiel zogen die Truppen unter der Führung des Generals Wrangel in Berlin ein. Der Hauptmann der Bürgerwehr trat ihm entgegen und machte ihn darauf aufmerksam, daß die Bürgerwehr entschlossen sei, die Freiheit zu verteidigen und nur der Gewalt zu weichen. „Gut“, antwortete Wrangel trocken, „dann weichen Sie man und sagen Sie Ihren Leuten, die Gewalt wäre nun da!“ Kurz danach war die Bürgerwehr spurlos verschwunden, und der Vormarsch ging weiter.

Arbeitsimpulse:

Nehmen Sie Stellung zur Bezeichnung „Revolution“, indem Sie diese (von 1848) mit der Französischen Revolution von 1789 vergleichen. Welche Züge der Revolution werden durch diese Schilderungen beschrieben? Läßt sich daraus schon etwas über den möglichen Ausgang der Revolution schließen? Vergleichen Sie die Vorgänge in Berlin mit denen während der Französischen Revolution von 1789 in Paris!

Die Paulskirche

Historischer Hintergrund:

Den Abgeordneten in der Frankfurter Nationalversammlung fehlte die parlamentarische Erfahrung. Berichte über die Debatten kennzeichnen daher oft eine Atmospäre, in der Langatmigkeit und geringe Effektivität bestimmend waren.

1 Neben sehr vielen würdigen und verantwortungsbewußten Reden wurde in jenen Tagen auch manches Ergötzliche vorgebracht. So rief einst der Dresdener Schaffrath, als man von ihm Beweise für seine Behauptungen forderte, der Versammlung in gemütlichem Sächsisch zu: „Beweise? Beweise? Ein Volksmann braucht nichts zu beweisen." Und ein anderer versicherte: „Ich kenne die Gründe der Regierung nicht, aber ich mißbillige sie."

2 Noch im Januar 1849 war es zweifelhaft, ob man sich in der Paulskirche für einen Erb- oder für einen Wahlkaiser entscheiden werde. Uhland verwies darauf, daß die politische Neugestaltung ihren Ursprung in den demokratischen Kräften habe und daß deshalb ein Erbkaiser „ein Jüngling mit grauen Haaren" sei. Er schloß seine Rede mit dem berühmten Wort: „Es wird kein Haupt über Deutschland leuchten, das nicht mit einem vollen Tropfen demokratischen Öls gesalbt ist."

Arbeitsimpulse:

Welche Schwierigkeiten der Paulskirche werden in den Anekdoten deutlich? Welche Hoffnungen, welche Bezüge zur Realität zeigt Uhland in seiner Rede? Inwieweit erfüllt sich seine Prophezeiung im Verlauf des 19. Jahrhunderts?

„Gegen Demokraten helfen nur Soldaten"

Historischer Hindergrund:

Auch in Berlin herrscht im Herbst 1848 wieder die Reaktion. Beide Karikaturen auf S. 42 haben das gleiche Thema: Gegen die revolutionären Bewegungen helfen am besten die Soldaten. Die Truppen des preußischen Generals von Wrangel siegen auf den Straßen Berlins, was den Zeichner Caspar Braun veranlaßt, von „Wrangel'scher Straßenreinigungsmaschine" zu sprechen. Auch die 2. Karikatur beschäftigt sich mit dem Vorgehen der Soldaten in Berlin. Im „Kladderadatsch" wird 1849 gezeigt, wie man dem Berliner Bären beikommt. (Vgl. die Karikaturen auf S. 42.)

Arbeitsimpulse:

Deuten Sie die Karikaturen! Welche Personengruppen sind zu sehen? Wofür stehen Sie? Achten Sie auf die Bedeutung scheinbarer Nebensächlichkeiten. Was bedeutet der „Heckerhut", was die Kanone und was bedeuten die Pillen?

Die Wrangel'sche Straßenreinigungsmaschine

aus: Lachen streng verboten!, S. 80

Kladderadatsch 1849. in: Lachen streng verboten!, S. 65

V. Industrielle Revolution und Soziale Frage

Zeittafel

1767 Spinnmaschine (Hargreaves)
1769 Dampfmaschine (Watt)
1771 Erste Textilfabrik in England
1834 Deutscher Zollverein
1835 Erste deutsche Eisenbahn von Nürnberg nach Fürth
1846 Katholischer Gesellenverein
1848 „Innere Mission“
1863 Allgemeiner Deutscher Arbeiterverein (Lassalle)
1873 „Gründerkrach“, erste größere Wirtschaftskrise in Deutschland
1879 Elektrische Lokomotive, elektrische Glühbirne
ab 1881 Staatliche Sozialversicherung in Deutschland
1896 Erste elektrische Straßenbahn in Berlin

Historischer Hintergrund:

Zu einem Thema wie „Industrialisierung“ oder „Soziale Frage“ gibt es keine Anekdoten in herkömmlichem Stil wie zu Napoleon oder Bismarck. Elend, Not, Leiden, vor allem, wenn es sich auf Massen oder namenlose Personen bezieht, eignen sich nicht zur Anekdotenbildung. Allenfalls in Erzählungen wird das Verhalten von Menschen unter bestimmten Umständen beschrieben. Zwei Beispiele sollen für andere stehen (James Watt und Gaslicht). Leichter als die Schöpfer von Anekdoten hatten es in schweren Zeiten die Zeichner, z. B. Doré und Zille, denn das Massenelend der Großstädte London oder Berlin bot geradezu schreckliche Vorlagen.

Technischer Fortschritt

James Watt

„Hallo, James!"

Der Meister der mechanischen Werkstatt, die zur Universität Glasgow gehört, winkt einen jungen Mechaniker zu sich. „Das Modell der Feuermaschine wird morgen gebraucht. Der Professor will es den Studenten vorführen. Mach das Biest betriebsfertig!"

„Allright, Sir! Hoffentlich gelingt es!"

James Watt, so heißt der junge Mechaniker, macht sich an die Arbeit. Er holt das Modell der Feuermaschine, füllt heißes Wasser in ihren Kessel, zündet den Ölbrenner darunter an und – wartet, ... wartet, ... wartet. Wie so oft, geschieht auch heute wieder einmal gar nichts. Die Feuermaschine hat Mucken wie ein widerspenstiges Pferd. „Störrisches Ding", schimpft James Watt und greift zum Werkzeugkasten.

Lange repariert James Watt, bis sich das Modell endlich tuckernd in Bewegung setzt. „Na also", murmelt er befriedigt und beobachtet aufmerksam den Zylinder.

In dem Zylinder wird ein Kolben von Dampf hin- und hergeschoben. Zwischen jedem Schub bleibt eine Pause: Tuck – tuck – tuck!

„Schwächling", sagt James. „Der Dampfkessel ist doch groß, und das Wasser siedet ununterbrochen. Dampf muß also genug vorhanden sein. Warum tuckert die Maschine bloß so langsam und leistet so wenig?"

Es ist James Watt bekannt, daß die Newcomen-Maschinen[1] das Grundwasser in den tieferen Schächten nicht mehr bewältigen. Manche Bergwerke sind völlig abgesoffen, anderen droht das gleiche Schicksal. Und wieviel Bodenschätze müssen in der Tiefe bleiben, weil die Pumpen so wenig leisten!

Wieder beobachtet der Mechaniker den spannenlangen Zylinder mit dem Kolben. In regelmäßigen Abständen wird ihm kaltes Wasser eingespritzt, damit der Dampf kondensiert.

„Donnerwetter", schlägt sich James plötzlich an die Stirn, „daß ich daran noch nie gedacht habe! Das kalte Wasser kondensiert doch nicht nur den Dampf! Es kühlt ja zugleich den Zylinder ab! Und die Folge davon? – Ein Teil des Wasserdampfes verwandelt sich dadurch sofort in Wasser, ohne den Kolben zu schieben!" James Watt droht der tuckernden Maschine mit dem Finger: „Na warte, dir will ich deine Schwäche schon noch austreiben!" – – –

So kam James Watt hinter die Hauptschwäche von Newcomens Feuermaschine.

[1] Vorläufer der Watt'schen Dampfmaschine. Sie arbeitete jedoch nicht mit Zylindern und benötigte für die Abwärtsbewegung atmosphärischen Druck.

Soziales Elend

Für die Hunderttausende, die in die Städte drängten, waren nicht genug Wohnungen da. So entstanden Elendsviertel wie dieses 1872 in Berlin

aus: Menschen in ihrer Zeit, Bd. 3, S. 163

„Von wat is se denn jestorb'n?"
„Unse Wohnung is zu naß!"
(Heinrich Zille)

aus: A. Krause, Die politische Karikatur..., S. 44

Wentworth Street, Whitechapel

aus: G. Doré, London. A pilgrimage, S. 124

Over London. By Rail

aus: G. Doré, London. A pilgrimage, S. 121

Arbeitsimpulse:

Beschreiben Sie die Situationen, die dargestellt bzw. gezeichnet werden! Welche Arten von Elend werden sichtbar und wie ist es dazu gekommen? Läßt sich etwas über die Einstellung der Zeichner zur „Sozialen Frage“ erfahren? Welche weiteren Protestformen existieren zu dieser Epoche? Welche Lösungsansätze wurden propagiert?

VI. Von der Zeit der Nationalstaaten bis zum Ende des Ersten Weltkriegs

Zeittafel

1862	Bismarck Ministerpräsident
1870–1871	Deutsch-französischer Krieg
1870	4. September: Proklamation der Dritten Französischen Republik
1871	18. Januar: Gründung des Deutschen Kaiserreiches
1888–1918	Wilhelm II.
1890	Bismarcks Entlassung
1894	Französischer-russischer Zweibund
1898	Faschoda-Krise, Ende der „splendid isolation" Englands
1904	Entente cordiale
1907	Britisch-russischer Interessenausgleich
1914	Mord von Sarajewo
1914–1918	Erster Weltkrieg
1916	Kampf um Verdun
1917	Kriegseintritt der USA
1918	Thronverzicht Wilhelms II., Ausrufung der Republik
1919	Friedenskonferenzen in Versailles und anderen Pariser Vororten.

Bismarcks Humor: unbarmherzig und selbstironisch

Historischer Hintergrund:

Wer als Persönlichkeit und Politiker mit so viel Temperament und Zielstrebigkeit gewirkt hat wie Bismarck, der bietet reichlich Stoff für Anekdoten. Er konnte hart zuschlagen, mit Worten und Taten. Nicht zuletzt deshalb sind einige seiner Aussprüche haften geblieben: „Die deutschen Zustände können nicht durch Majoritätsbeschlüsse gebessert werden, sondern durch Eisen und Blut" – oder „Ich will Musik machen, wie ich sie für gut erkenne – oder gar keine". Er konnte aber auch auf der diplomatischen oder der parlamentarischen Bühne witzig, geistreich und selbstironisch sein:

1 Bei einer Hofgesellschaft hatte man dem Kanzler in der Sitzordnung an der Tafel einen Platz hinter einigen völlig unbedeutenden Fürstlichkeiten gegeben. Die Freunde rieten zur Beschwerde. Doch Bismarck antwortete mit Humor, Überlegenheit und Gelassenheit: „Wo ich sitze, da ist immer oben!"

2 Eine Amerikanerin, die Bismarck sehr verehrte, bat ihn einmal um eine Locke seines Haupthaares. Unter Anspielung auf seine Glatze antwortete er der Dame: „Ich würde Ihnen den Wunsch sehr gerne erfüllen. Doch ist mir dies leider platterdings unmöglich!"

3 Die Gattin eines ausländischen Diplomaten fragte Bismarck während einer Gesellschaft: „Wie kommt es, Exzellenz, daß es in der deutschen Sprache nicht selten Ausdrücke gibt, die absolut dasselbe besagen, z.B. „senden" und „schicken". Bismarck erwiderte: „O, diese Wörter haben vielfach doch einen sehr verschiedenen Sinn. Ihr Gemahl ist z.B. unstreitig ein ‚Gesandter', aber, noch lange kein ‚geschickter'!"

4 Von Bismarck hieß es einmal, er werde sich für längere Zeit nach Ägypten begeben. Ein Mitglied des preußischen Herrscherhauses erkundigte sich bei Bismarck persönlich, ob er wirklich diese Absicht hege. Der Kanzler, durch diese Frage zunächst etwas verblüfft, antwortete dann: „Gar nicht möglich! Das Kamel aber, das dieses Gerücht in die Welt gesetzt hat, würde ich auf alle Fälle mitnehmen."

Arbeitsimpulse:

Wovon hängt Ihrer Meinung nach die unterschiedliche Einschätzung Bismarcks ab? Welche Aussagen Bismarcks zeigen ihn selbstironisch, welche als geistreichen Diplomaten? In welchen dieser Anekdoten wird Bismarck eher bewundernd, in welchen weniger positiv gesehen?

Bismarck und die Monarchen seiner Zeit

Historischer Hintergrund:

Fast zwei Jahrzehnte bestimmte Bismarck als Reichskanzler und preußischer Ministerpräsident die Richtlinien der deutschen Politik. Nicht jeder Monarch konnte die überragende Rolle des „Eisernen Kanzlers" mit Gelassenheit und Humor ertragen wie Wilhelm I., dem das Wort zugeschrieben wird: „Es ist nicht ganz leicht, unter Bismarck Kaiser zu sein."

1 Im Kurpark von Gastein gingen Kaiser Franz Joseph und König Wilhelm spazieren, um sich von den Konferenzen zu erholen. Viele Neugierige drängten sich herbei und belästigten die beiden Monarchen. Endlich schlug Franz Joseph seinem Gast vor, einen stilleren Platz aufzusuchen. Mit gutem Humor meinte König Wilhelm: „Das ist nicht nötig. Gleich kommt Bismarck, und dann kümmert sich keiner mehr um uns."

2 Noch kurz vor Beginn des Krieges mit Frankreich weilte Zar Alexander II. bei König Wilhelm in Ems. Die drohenden Wolken stiegen schon herauf, als die beiden Monarchen eines Abends nach dem Essen mit ihrem Gefolge in einem Speisesaal beisammenstanden. Bismarck befand sich, eine Tasse Mokka in der Hand, am andern Ende des Saales und blickte zum Zaren hinüber, voller Sorge, welche Haltung der russische Herrscher bei dem offenbar unabwendbaren Konflikt einnehmen würde. Da geschah etwas Sonderbares, das wie ein Sinnbild war und von den Anwesenden auch als solches aufgefaßt wurde. Der große Hund des Zaren nämlich, der bisher ruhig unter dem Tisch gelegen hatte, erhob sich, schlenderte lässig mitten durch den Saal auf Bismarck zu und schmiegte sich dann zutraulich an dessen hingestreckte Hand. Der Zar, der den Vorgang lächelnd beobachtet hatte, rief zu Bismarck hinüber:
„Da sehen Sie, Graf, wie sicher mein Hund die Freunde seines Herrn kennt!"

3 Nach der Thronbesteigung Wilhelms II. wurde es bald offenbar, daß der junge Monarch sich durch die überragende Autorität Bismarcks bedrückt fühlte. Im Frühjahr 1890 verschärfte sich die Spannung. Da ließ der Graf Waldersee bei einem Frühstück, an dem auch der Flügeladjutant des Kaisers, v. Bülow, teilnahm, das Wort fallen: „Friedrich der Große wäre nie der Große geworden, wenn er bei seinem Regierungsantritt einen Bismarck vorgefunden hätte." Diese Äußerung wurde, wie beabsichtigt, dem Kaiser hinterbracht und verfehlte nicht, auf ihn nachhaltigen Eindruck zu machen.

Arbeitsimpulse:

Welche Hinweise auf die Einschätzung Bismarcks findet man in diesen Anekdoten? Welche Monarchen fanden sich mit der beherrschenden Rolle Bismarcks eher gelassen zurecht, wer nahm eher Anstoß daran? Was impliziert die Bemerkung Bülows? Wie reagierte Wilhelm II. darauf?

Bismarcks „Größe" in der Karikatur

Historischer Hintergrund:

Ein Politiker wie Bismarck regte die Karikaturisten im In- und Ausland zu immer neuen Variationen an. Allein die Zeitschrift „Kladderadatsch" veröffentlichte mehrere hundert Karikaturen zum Thema „Bismarck". Berühmt wurden auch die Karikaturen des britischen „Punch", deren bekannteste noch heute häufig zitiert wird: „Der Lotse verläßt das Schiff."

aus: „Punch" 1875. in: R. Philippe, Political Graphics, S. 168

Kanzler-Ersatz-Commission.

Dem Drängen gewisser Parteien nachgebend, soll der Kanzler entschlossen sein, sich bei dem Suchen seines Nachfolgers zu beteiligen.

„Kladderadatsch“ 1889. aus: Die schönsten Bismarck-Karikaturen, S. 181

Arbeitsimpulse:

Beschreiben Sie, was auf den Karikaturen dargestellt ist. Aus welchen Gegensätzen und Widersprüchen ergibt sich die Wirkung der Karikaturen?

Zur Wirkung der Emser Depesche

Historischer Hintergrund:

Anstelle einer erneuten Erläuterung der längst bekannten Rolle, welche die Emser Depesche gespielt hat, sollen hier die zwei Fassungen des historischen Dokuments stehen.

Die beiden Fassungen der Emser Depesche 1870

Die 2. Fassung geht nach Paris und an alle preußischen Gesandten und löst den Krieg mit Frankreich aus.

1. Fassung:
„S. M. der König schreibt mir: ‚Graf Benedetti fing mich auf der Promenade ab, um auf zuletzt sehr zudringliche Art von mir zu verlangen, ich sollte ihn autorisieren, sofort zu telegraphieren, daß ich für alle Zukunft mich verpflichtete, niemals wieder meine Zustimmung zu geben, wenn die Hohenzollern auf ihre Kandidatur zurückkämen. Ich wies ihn, zuletzt etwas ernst, zurück, da man à tout jamais dergleichen Engagements nicht nehmen dürfe noch könne. Natürlich sagte ich ihm, daß ich noch nichts erhalten hätte, und, da er über Paris und Madrid früher benachrichtigt sei als ich, er wohl einsähe, daß mein Gouvernement wiederum außer Spiel sei.‘
S. M. hat seitdem ein Schreiben des Fürsten bekommen. Da S. M. dem Grafen Benedetti gesagt, daß er Nachricht vom Fürsten erwarte, hat Allerhöchstderselbe, mit Rücksicht auf die obige Zumutung, auf des Grafen Eulenburg und meinen Vortrag beschlossen, den Grafen Benedetti nicht mehr zu empfangen, sondern ihm nur durch einen Adjutanten sagen zu lassen, daß S. M. jetzt vom Fürsten die Bestätigung der Nachricht erhalten, die Benedetti aus Paris schon gehabt, und dem Botschafter nichts weiter zu sagen habe. S. M. stellt Ew. Exzellenz anheim, ob nicht die neue Forderung Benedettis und ihre Zurückweisung sogleich sowohl unseren Gesandten als in der Presse mitgeteilt werden sollte.“

2. Fassung:
„Nachdem die Nachricht von der Entsagung des Prinzen von Hohenzollern der Kaiserlich Französischen Regierung von der Königlich Spanischen amtlich mitgeteilt worden ist, hat der französische Botschafter in Ems an S. M. den König noch die Forderung gestellt, ihn zu autorisieren, daß er nach Paris telegraphiere, daß S. M. der König sich für alle Zukunft verpflichte, niemals wieder seine Zustimmung zu geben, wenn die Hohenzollern auf ihre Kandidatur zurückkommen sollten.
S. M. hat es darauf abgelehnt, den französischen Botschafter nochmals zu empfangen, und demselben durch den Adjutanten vom Dienst sagen lassen, daß S. M. dem Botschafter nichts mehr mitzuteilen habe.“

aus: Weltgeschichte im Aufriß, 18. Aufl., Moritz Diesterweg Verlag Frankfurt a. M. 1972

Dazu auch die folgende Anekdote:

Nach seiner Ankunft in Berlin lud Bismarck Roon und Moltke zum Mittagessen ein. Beide waren sehr niedergeschlagen, weil Bismarck in der Überzeugung, König Wilhelm nicht für seine Pläne gewinnen zu können, sich mit dem Gedanken trug, sein Amt niederzulegen. Da traf ein Telegramm aus Ems ein, das die Forderungen, die Benedetti in zudringlicher Weise dem Monarchen auf der Brunnenpromenade gestellt hatte, ausführlich schilderte. In Gegenwart seiner Tischgäste reduzierte Bismarck das Telegramm durch Streichungen. Als er die neue Fassung vorlas, bemerkte Moltke: „So hat das einen andern Klang, vorher klang es wie eine Schamade, jetzt wie eine Fanfare in Antwort auf eine Herausforderung."

Arbeitsimpulse:

Welche Absicht Bismarcks verdeutlicht diese Anekdote?

Bismarck und die Parteien

Historischer Hintergrund:

Schon in seinen ersten Jahren als preußischer Ministerpräsident wurde deutlich, daß Bismarck nicht nur mit einer bestimmten Partei seine Politik durchsetzen wollte. Vielmehr ging er als „Realpolitiker" flexibel vor, mal hier, mal dort Mehrheiten zu gewinnen. Er selbst sagte am 9. Oktober 1878 vor dem Reichstag: „Ich habe bestimmte, positive, praktische Ziele, nach denen ich strebe, zu denen mir mitunter die Linke, mitunter die Rechte geholfen hat!"

Arbeitsimpulse:

Erörtern Sie die folgenden Vorgänge, die in den Karikaturen dargestellt werden! Auf welche historischen Ereignisse beziehen sie sich? Welches Verhältnis Bismarcks zu den Parteien des Reichstags wird in diesen Karikaturen deutlich?

1869: Bismarck im Reichstag

aus: „Figaro" 1869. in: Lachen streng verboten!, S. 94

1884: **Ostereier.**

Für die Commission zur Berathung des Socialisten-Gesetzes.

Hier, meine Herren, die Auswahl ist diesmal nicht groß!
Für eins von beiden müssen Sie sich entscheiden!

„Kladderadatsch“ 1884. aus: Die schönsten Bismarck-Karikaturen, S. 155

1884: **Reichstags-Ende oder -Auflösung.**

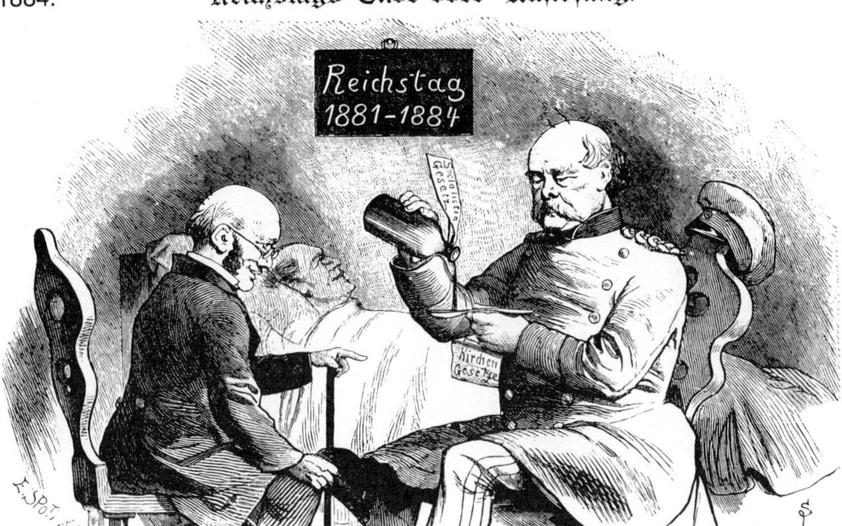

Dr. B. Wenn er das nimmt, können wir ihn noch bis zum Herbst hinhalten.

aus: Die schönsten Bismarck-Karikaturen, S. 154

Der Kulturkampf

Historischer Hintergrund:

Auch in seiner Auseinandersetzung mit dem Zentrum und der katholischen Kirche erwies sich Bismarck als „Realpoliker“, der dann von seinen Maximalzielen abzuweichen bereit war, wenn er sie nicht durchsetzen konnte. Dennoch bußfertig sein und „nach Canossa gehen“, wie er sich ausdrückte, wollte er nicht.

1878: Modus vivendi

aus: Die schönsten Bismarck-Karikaturen, S. 107

1879: Der treue Schäfer.

Machst du mir meine Schwarzen zu Schwarz-weißen,
So will ich gern 'mal nach Canossa reisen!

aus: Die schönsten Bismarck-Karikaturen, S. 113

Arbeitsimpulse:

Welche Personen bzw. Gruppierungen werden von den Karikaturisten dargestellt? Erläutern Sie die Zeilen unter den Karikaturen! Was meint Bismarck mit dem Wandel von „schwarzen" in „schwarz-weiße" Schafe? [N. B. Die preußische Flagge trägt die Grundfarben schwarz und weiß.] Welches Verständnis Bismarcks gegenüber dem Papst macht die 1. Karikatur deutlich?

Napoleon III. und die monarchische Tradition

Historischer Hintergrund:

Napoleon III., Kaiser der Franzosen (1852–70), war ein Neffe von Napoleon I. Wie sein Onkel stützte er sich auf allgemeine Volksabstimmungen (Plebiszite), war aber auch außenpolitisch sehr auf Anerkennung bedacht. So fühlte er sich durch Anspielungen auf seine Verwandtschaft mit dem großen Kaiser durchaus geschmeichelt, auch wenn er darüber scherzte. Auch im Verhältnis zu Zar Nikolaus versuchte er herunterzuspielen, daß es ihm keineswegs gleichgültig war, von den europäischen Monarchen nicht als ebenbürtig, sondern als Emporkömmling angesehen zu werden.

1 ***Genau ein Jahr nach dem Staatsstreich von 1851 wurde Napoleon zum Kaiser proklamiert. Schleunigst eilte alles, was mit ihm verwandt war und den Namen Bonaparte trug, zu ihm in die Tuilerien und umdrängte ihn mit Wünschen und Bitten. Auch sein Onkel Jérome, der ehemalige „König Lustik", erschien. Er vermißte aber den Glanz, der***

einst den Hof Napoleons I. umstrahlt hatte. Übel gelaunt tadelte er deshalb seinen Neffen: „Sie haben nichts Kaiserliches.“ „Doch“, erwiderte Napoleon, „ich habe manches mit dem Kaiser gemeinsam.“ Erstaunt blickte Jérome auf. „Und was wäre das?“ Napoleon mit einem Seufzer: „Die Familie.“

2 *Unter den europäischen Monarchen war die Anrede „Monsieur mon frère“ gebräuchlich. Zar Nikolaus aber, der Napoleon im tiefsten Herzen als Abenteurer verachtete, wollte ihm eine so ehrenvolle und vertrauliche Bezeichnung nicht zugestehen. In dem Beglaubigungsschreiben, das sein Gesandter dem Kaiser überreichte, nannte er ihn nur „mon ami“. „Um so besser“, scherzte Napoleon, „denn seine Brüder kann man nicht wählen, wohl aber seine Freunde.“*

3 *In der Morgenfrühe des 2. September 1870 stand in Sedan der Wagen bereit, in dem Napoleon dem König Wilhelm entgegenfahren wollte. Am Tage zuvor hatte er ihm geschrieben: „Da es mir nicht vergönnt war, an der Spitze meiner Truppen zu sterben, bleibt mir nichts anderes übrig, als Ew. Majestät meinen Degen zu überreichen.“ Nun trat er müde und gramvoll aus seinem Quartier hervor, ein gebrochener, verstörter Mann. Ein Freiwilliger der Gardezuaven reichte ihm den Arm und half ihm beim Einsteigen. Als er die Wagentür schloß, sagte er treuherzig zum Kaiser: „Sire, ich folge Ew. Majestät bis nach St. Helena.“*

Arbeitsimpulse:

Welche Rolle spielt die Familie bei Napoleon III. und bei seinem Onkel Napoleon I.? Warum fühlte sich Napoleon III. bei Vergleichen mit Napoleon I. eher geschmeichelt als beleidigt?

Imperialismus

Historischer Hintergrund:

Das Deutsche Reich trat verhältnismäßig spät in den Kreis der Expansionsmächte ein, dafür aber um so stürmischer und ungeschickter. Besonders das forsche Auftreten Kaiser Wilhelms II. gab den Karikaturisten ein lohnendes Ziel, zumal er durch seine Art des „Säbelrasselns“ geradezu zur karikierenden Darstellung einlud. Nach dem Erwerb von Besitzungen in Ost- und Westafrika stieß Deutschland von Kiautschou (China) aus in den 80er Jahren auch nach Ostasien vor (vgl. 1. Karikatur).

1898

„Süddeutscher Postillon“ 1898. aus: Lachen streng verboten!, S. 128

1899: Er steckt seine Nase in alles!

aus: „Judge“, 1899. in: Lachen streng verboten!, S. 134

„Wie sollen wir uns da die Hand geben?!“

„Simplizissimus, 1912. in: Menschen in ihrer Zeit, Bd. 4, S. 29

Arbeitsimpulse:

Welche Vorgänge werden von den Karikaturisten beschrieben? Wie wird die imperialistische Politik und besonders die Wilhelms II. gesehen? Welche Folgen hatte die überseeische Politik der europäischen Großmächte in Europa? Erläutern Sie die Aussage der 3. Karikatur! Was bedeutet diese Aussage für das deutsch-englische Verhältnis am Vorabend des 1. Weltkriegs?

Schwere Aufgaben für Bismarcks Nachfolger

Historischer Hintergrund:

Die Nachfolger Bismarcks, die mit Ausnahme Bernhard von Bülows (neun Jahre) nur kurz amtierten, hatten es nicht leicht. Die Stellung des Kanzlers war unter Wilhelm II. schwieriger geworden, da der Kaiser jetzt selbst die Regierungsgeschäfte führen wollte: „Das Amt des wachhabenden Offiziers ist mir zugefallen! Der Kurs bleibt der alte! Volldampf voraus!"

1 *Unter den alten Linden und Kastanien im Garten der Reichskanzlei hatte Bismarck, ehe er nach Friedrichsruh übersiedelte, ein Gespräch mit seinem Nachfolger Caprivi. Dabei fragte er ihn, ob er den Geheimvertrag mit Rußland erneuern werde. Caprivi antwortete: „Durchlaucht können mit fünf Bällen gleichzeitig spielen, während andere Leute guttun, sich auf einen oder zwei Bälle zu beschränken."*

2 *Zu seinem Nachfolger hatte Bülow 1909 den Staatssekretär im Reichsamt des Innern von Bethmann-Hollweg vorgeschlagen. Fortan hatte der Kaiser statt mit einem geistreichen, schmiegsamen Causeur mit einem tiefernsten, etwas steifen und professoralen Kanzler zu tun, der nicht im entferntesten die gesellschaftlichen Talente Bülows besaß. So konnte das Wort aufkommen: „Bethmann ist Bülows Rache."*

3 *Wenige Tage nach der Ernennung Bethmann-Hollwegs zum Reichskanzler traf Wilhelm II. den früheren Landwirtschaftsminister Podbielski beim Rennen im Grunewald und fragte ihn: „Nun, Pod, was sagen Sie zu meinem neuen Kanzler?" Podbielski strich sich nachdenklich den großen, weißen Schnurrbart. Dann antwortete er: „Ach, Majestät, det is en Idealist, und det sind die schlimmsten."*

Arbeitsimpulse:

Was meint Caprivi mit den „fünf Bällen"? Was bedeuten die „zwei Bälle"? Aus welchen Gründen lehnt Podbielski Idealisten in der Politik als die schlimmsten ab?

Kaiser Wilhelm II.: Selbstüberschätzung

Historischer Hintergrund:

Der Kaiser behandelte seine Kanzler gelegentlich, als seien sie Marionetten („Ich habe das Luder weggejagt“, 1909 zur Entlassung von Bülows). Auch überschätzte er seinen Einfluß auf das europäische Geschehen, wie die folgende Anekdote zeigt.

Kaiser Wilhelm II. neigte dazu, die großen politischen Entscheidungen als eine persönliche Angelegenheit zwischen den Monarchen zu betrachten. So am 29. Juli, als sein Bruder Prinz Heinrich aus England zurückkehrte und ihm meldete, König Georg V. werde in einem Kriege neutral bleiben. Großadmiral von Tirpitz war zugegen und erlaubte sich, an der Richtigkeit dieser Mitteilung Zweifel zu äußern. Aber der Kaiser erklärte: „Ich habe das Wort des Königs. Das genügt mir.“

Arbeitsimpulse:

Welche Auffassung von Politik vertritt hier Wilhelm II.? Wieso kommt er zu einer solchen Haltung? Was spricht gegen seine Ansicht?

Der Kriegsausbruch 1914

Historischer Hintergrund:

Die nachstehenden Berichte gehören auf den ersten Blick nicht unbedingt zusammen. Sie haben aber eines gemeinsam: Sie zeigen die Atmosphäre in den ersten Tagen nach Kriegsbeginn. Es handelt sich nicht um Anekdoten im engeren Sinne. Den Ereignissen angemessen sind die Zitate, mit denen die Berichte enden, keine Pointen, sondern knappe Zustandsschilderungen oder düstere Zukunftsprognosen.

1 *Am Abend des 4. August erwartete man in London die Antwort auf das britische Ultimatum. Der Premierminister Asquith und Staatssekretär Sir Edward Grey befanden sich in ihrem Amtssitz Downingstreet 10 und lauschten hinaus in die warme Sommernacht. Da verkündigte Big Ben mit seinen tiefen Schlägen elf Uhr. Die Frist, die man Deutschland gestellt hatte, war abgelaufen. Als das Geläut verhallt war, trat Grey an das Fenster und sah die Lichter der Stadt langsam verlöschen, eines nach dem andern. Lange stand er so in ernstem Schweigen. Dann drehte er sich um und sagte zu Asquith: „In diesem Augenblick gehen in ganz Europa die Lichter aus, wir alle werden sie in unserm Leben nie wieder leuchten sehen.“*

2 Fürst Bülow, der sich zur Zeit der bosnischen Krise 1908 in „Nibelungentreue" entschlossen an die Seite Österreichs gestellt hatte, weilte gerade in Hamburg im Hotel Atlantik, als ihm die Kriegserklärung Englands telegraphisch mitgeteilt wurde. Erschüttert brach er in die Worte aus: „Das wird der Nibelungen Not."

3 Nach der Flut von Kriegserklärungen hinüber und herüber empfanden es die Berliner als einen Trost und als eine Pflicht, sich um den Kaiser zu scharen. Zu Tausenden drängten sie sich die Linden entlang zum Schloß. Nach kurzem Warten trat Wilhelm II., gekleidet in Feldgrau, auf den Balkon. Schwer lastete auf ihm der Ernst der Stunde, und seine Stimme bebte vor innerer Ergriffenheit, als ihm sein frommer Glaube die Worte in den Mund legte: „Ich empfehle euch Gott. Geht in die Kirchen, kniet nieder und betet um Hilfe für unsere Soldaten!"

4 Beim Ausbruch des Krieges stiegen vor Franz Joseph die düsteren Bilder aus den verlorenen Feldzügen von 1859 und 1866 auf. Schlimmer als je bedrückte ihn der Gedanke, daß Österreich auch in diesem Waffengange unterliegen werde und daß damit sein Schicksal besiegelt sei. Tief bewegt sagte er zu dem Chef des Generalstabes Conrad von Hötzendorf: „Wenn die Monarchie schon zugrunde gehen muß, so soll sie wenigstens anständig zugrunde gehen." Danach machte er sich wieder an die Arbeit und versah sein Tagewerk mit der Genauigkeit einer Uhr.

Arbeitsimpulse:

Vergleichen Sie die Zitate am Ende eines jeden Berichts! Zeigen Sie Gemeinsamkeiten bzw. Unterschiede auf! Welche Einschätzung des Kriegsausbruchs wird deutlich?

Humor während des 1. Weltkrieges

Historischer Hintergrund:

Über das Elend des Krieges ist viel geschrieben worden. Aber auch in der schwärzesten Zeit gab es Humor, gelegentlich auch Galgenhumor oder „schwarzen" Humor. Sicher ist es kein Zufall, daß besonders der englische Humor aus jenen Tagen häufig überliefert ist, denn das englische „understatement" liefert einen deutlichen Kontrast zur laut geäußerten Kriegseuphorie.

1 Anfänglich war in England weithin die Auffassung verbreitet, daß dieser Krieg im wesentlichen das gleiche Gesicht tragen werde wie alle früheren. Eine starke Flotte auf See, die das Inselreich vor jedem Angriff schützt. Ein kleines Hilfsheer von altgedienten Berufssoldaten auf dem Kontinent. Im übrigen aber als Wichtigstes Beschaffung von Geldern und Material für die Bundesgenossen und die Aussicht auf reichen Gewinn. Aber bald begann man sich in der City von London zu sorgen, es könne diesmal doch anders kommen. Solchen Befürchtungen trat am 9. November 1914 Churchill in der Guildhall entgegen. Mit erhobener Stimme versicherte er seinen Zuhörern: „Dieser Krieg ist ein Geschäft wie gewöhnlich."

2 Lloyd George, der Waliser, fragte während des Krieges einmal den General Foch, woher es denn komme, daß die Bretonen im französischen Heer immer durch ihre Tapferkeit auffallen. (Er spielte mit dieser Frage darauf an, daß die Waliser mit den Bretonen stammesverwandt sind.)
General Foch aber (dessen Beziehungen zu Lloyd George nicht die besten waren) erwiderte:
„Ach, das sind lauter einfache Bauern und Fischer, die nicht genau wissen, was in der Welt vorgeht. Man hat zu ihnen gesagt, der Krieg werde gegen England geführt, und nun stürmen sie immer wie die Löwen los."

3 Sir Beverley Baxter, der spätere Chefredakteur des „Daily Express", diente als Kriegsfreiwilliger in einer kanadischen Division. Während eines Urlaubs in London wurde er in wenig taktvoller Weise gefragt, wieso er keine Orden habe. „Um Orden zu haben", erwiderte Baxter, „war ich einerseits nicht weit genug vorne, und anderseits nicht weit genug hinten."

4 In England nahm der Erste Seelord Winston Churchill einen weit über sein Ressort hinausgehenden Anteil an der Kriegführung. Nach dem gescheiterten Gallipoli-Abenteuer mußte er seinen Abschied nehmen. Dazu Englands Premier, Lloyd George: „Winston hat für jedes Problem zehn brillante Lösungen. Eine davon ist die richtige. Leider weiß er nie, welche."

Arbeitsimpulse:

Worauf gründet sich das Vertrauen und die Sicherheit Churchills? Welche Entwicklungen führten dazu, daß der 1. Weltkrieg *nicht* „gewöhnlich" verlief (1. Anekdote)?

Kriegsende und Revolution 1918

Historischer Hintergrund:

In den westeuropäischen Staaten bleiben die Regierungsformen bestehen. Das Deutsche Reich und die Habsburger Monarchie erlebten besonders in den Großstädten revolutionäre Ereignisse. Überall aber begleitete „Menschliches-Allzumenschliches“ die sogenannten Haupt- und Staatsaktionen.

1 *In Dresden hatte König August von Sachsen mit den Worten „Macht Euch Euren Dregg alleene!“ die Regierungsgewalt niedergelegt. Als er auf den Bahnhof kam, um sich ins Exil zu begeben, stand dort eine Menschenmenge, die „Hoch!“ rief. Worauf der König seinen Landeskindern zum Abschied sagte: „Na, Ihr seid mir scheene Rebubliganer ...“*

2 *In Wien besetzte ein „Intellektuellen-Bataillon“ der Roten Garde die Redaktion der „Neuen Freien Presse“, beschlagnahmte die Druckerei und brachte kommunistische Flugblätter heraus. An der Spitze der eindringenden Gardisten stand der „rasende Reporter“, Egon Erwin Kisch, von dem der Wiener Volkswitz behauptete, er sei „ein unerschrockener Schriftsteller und ein liebenswürdiger Revolutionär“. Kaum hatte Doktor Paul Kisch, Redakteur der „Neuen Freien Presse“, seinen schwerbewaffneten Bruder erkannt, rief er mit erhobener Stimme: „Warte nur, Egon, das schreibe ich der Mama nach Prag ...!“*

3 *In Budapest empfing Graf Michael Karolyi, der sich an die Spitze der Revolution gestellt hatte, eine Abordnung rebellierender Matrosen. In langer und wohlgesetzter Rede wies er darauf hin, daß das Alte unwiderruflich dahin sei, eine neue Welt entstehe und nunmehr für alle ein besseres Leben in Freiheit und Gerechtigkeit beginne. Als Karolyi geendet hatte, trat ein junger Matrose vor und sagte: „Gräfliche Gnaden haben sicher ganz recht, aber das Schönste am ganzen ist halt doch das Meutern!“*

4 *Der Krieg war zu Ende. Im Hauptquartier Marschall Pétains wurde dem Oberbefehlshaber täglich das Kriegstagebuch zur Durchsicht und Unterschrift vorgelegt. Am Abend des 11. November 1918 erschien der Adjutant wie gewohnt mit dem Buch. Pétain las die Eintragung sorgfältig durch, dann schrieb er mit großen Buchstaben darunter: „Wegen Sieges geschlossen. Pétain, Marschall von Frankreich.“*

5 *In Deutschland brach die Revolution aus. Auch in Bayern, wo die konservative Bevölkerung treu zum angestammten Herrscherhaus hielt, wurde König Ludwig III. sang- und klanglos vertrieben. Kurt Eisner, der Chef der Räteregierung in München, der bald darauf erschossen wurde, verkündete daraufhin: „Die Wittelsbacher haben siebenhundert Jahre über Bayern geherrscht. Ich bin sie mit sieben Mann in sieben Stunden losgeworden!"*

Arbeitsimpulse:

Beschreiben Sie die in den Anekdoten vermittelten Einschätzungen des jeweiligen Ereignisses? Welche menschlichen Eigenschaften werden deutlich? Welche Rückschlüsse kann man auf die einzelnen Sprecher ziehen?

Die Waffenstillstandsbedingungen

Historischer Hintergrund:

Unter Führung des später ermordeten Matthias Erzberger versuchte die deutsche Waffenstillstandskommission in Compiègne vergeblich, eine Milderung der Bedingungen zu erreichen.

Als die deutsche Delegation bei Ende des Ersten Weltkrieges zu Marschall Foch kam, um die Waffenstillstandsbedingungen zu erfahren, nahm Foch ein Blatt von seinem Schreibtisch und las den Herren eine Reihe von Bedingungen vor. „Aber – das muß doch ein Irrtum sein", stotterte der Leiter der deutschen Delegation. „Das sind Bedingungen, die keine zivilisierte Nation einer andern auflegen kann!"
„Das höre ich gern", erwiderte Foch. „Nein, meine Herren, es sind nicht unsere Bedingungen. Es sind die Bedingungen, die der deutsche Kommandant Lille auferlegt hat, als die Stadt sich ergab."

Arbeitsimpulse:

Welche Atmosphäre wird in diesem Bericht deutlich?

Die Friedenskonferenz von Versailles

Historischer Hintergrund:

Von der nachstehenden Anekdote gibt es verschiedene Fassungen. Gelegentlich auch mit anderen Personen.

> *Während der Beratungen über den Friedensvertrag in Versailles wurde Clemenceau zum erbitterten Widersacher Wilsons. Einst fuhr er mit einem Engländer durch die Straßen von Paris. An den Zeitungsständen hingen zufällig Plakate aus mit der Schlagzeile „Accident de chemin de fer“ oder auch „Désastre sur le chemin de fer“. Der Engländer deutete darauf hin. „Ist accident und désastre nicht das Gleiche?“ fragte er. Clemenceau murrte: „Keineswegs. Wenn Präsident Wilson ins Wasser fiele, wäre es ein Unfall. Käme er aber wieder heraus, wäre es eine Katastrophe.“*

Arbeitsimpulse:

Wie sieht Clemenceau hier den amerikanischen Präsidenten? Welche Gründe hat er für seine Haltung?

VII. Die USA – von der Unabhängigkeit zur Weltmacht

Zeittafel

1775–1783	Krieg um die Unabhängigkeit
1776	Unabhängigkeitserklärung
1778	Die Verfassung der USA
1820–1860	Die Erschließung des Westens
1823	Monroe-Doktrin
1861–1865	Abraham Lincoln
	Amerikanischer Bürgerkrieg
1867	Ankauf Alaskas
1917	Eintritt in den Ersten Weltkrieg
1919–1929	Die „Big-Business-Periode“
1920–1933	Alkoholverbot (Prohibition)
1920	Frauenwahlrecht
1929	25. Oktober: „Schwarzer Freitag“
1933–1945	Die Roosevelt-Ära / New Deal
1941	7. Dezember: Überfall der Japaner auf Pearl Harbour
	Kriegseintritt der USA

Indianer und Weiße

Historischer Hintergrund:

Die Indianer als Ureinwohner Nordamerikas wurden durch die Landnahme und Besiedlung der Weißen immer stärker zurückgedrängt; zum Teil auch in blutigen Kämpfen ausgerottet. Der letzte große Widerstand der Indianer wurde in der Schlacht am „Wounded Knee“ 1890 gebrochen. Heute leben noch einzelne Stämme in Reservaten. Gelegentlich kommt es zu Protesten für mehr Rechte und bessere Lebensbedingungen.

1 Die Oneidaindianer, beunruhigt durch das ständige Vordringen der Weißen, hielten Ratsversammlung ab. Ein alter Häuptling ergriff das Wort. „Brüder, ihr fragt, warum die Weißen immer mächtiger und zahlreicher werden? Weil wir Fleisch essen, jene aber Körner. Das Fleisch braucht dreißig Monde, um heranzuwachsen, ist selten und hat Beine zum Davonlaufen. Die wundersamen Körner aber, welche die Weißen essen, bleiben und geben hundertfach zurück. Darum haben sie viele Kinder und leben länger als wir. So wird am Ende das Geschlecht der Kornesser das Geschlecht der Fleischesser austilgen. Ich habe gesprochen. Ough!"

2 Ein Indianerstamm am oberen Mississippi, die Winnebagos, schickten Gesandte an Präsident Adams, um Frieden anzubieten. Ihr Häuptling nahm das Wort. Aus tiefer Brust begann er: „Vater, ich freue mich, dich zu sehen. Eine Wolke ist zwischen uns gewesen, dick und schwarz, doch jetzt leuchtet dein Antlitz hell. Manitou gab seinen Kindern eine gute Pflanze, die sich mit Genuß rauchen läßt. Ich habe sie hier und gebe sie dir in Frieden." Auf einen Wink hin brachte ein junger Krieger dem Präsidenten das Kalumet und zündete es an. Adams tat mehrere Züge und blies den Rauch eine Weile schweigend vor sich hin. Dann sprach er würdevoll: „Die Wolke ist nun zerstreut wie der Rauch aus dieser Pfeife. Die Sonne scheint wieder freundlich auf uns herab, und fortan wird Friede sein zwischen den Winnebagos und meinen Kindern."

3 General Andrew Jackson, berühmt durch seine Siege über die Indianerstämme in Florida und die heroische Verteidigung von New Orleans, bewarb sich 1825 um das Amt des Präsidenten. Im Hinblick auf seine kriegerische Vergangenheit prophezeiten seine Gegner Blutvergießen, wenn er gewählt würde. Da erklärte er in einer Versammlung: „Man hat euch tolle Dinge von mir erzählt, aber glaubt mir, ich trage weder in der Rechten einen Tomahawk noch in der Linken ein Skalpiermesser. Hier überzeugt euch selbst!" Und triumphierend hob er, von Beifall umrauscht, zwei leere Hände hoch.

Arbeitsimpulse:

Welche Phasen der Auseinandersetzung werden in den Anekdoten widergespiegelt? Welche typischen Merkmale im Verhältnis Indianer zu Weißen zeigen die Anekdoten?

Die Generation der Gründerväter

Historischer Hintergrund:

George Washington, amerikanischer General und 1. Präsident der USA (1789–1797), vertrat den Gedanken einer starken Zentralregierung. Friedrich Wilhelm von Steuben, amerikanischer General deutscher Herkunft, erwarb sich große Verdienste im Unabhängigkeitskrieg von 1773–1785. Zu seiner Erinnerung findet jedes Jahr die bekannte „Steubenparade" statt. Benjamin Franklin, amerikanischer Politiker, Schriftsteller und Naturwissenschaftler, gehörte zu den Mitunterzeichnern der Unabhängigkeitserklärung.

1 *Von großartigen Gebärden und pathetischen Worten wollte Washington, der selbst ein schlichter und nüchterner Mann war, nichts wissen. In der Schlacht bei Monmouth bemerkte er, wie der junge Oberst Hamilton vom Pferde sprang, den Degen herausriß und mit dem Ruf: „Jetzt ist es Zeit, für Amerika zu sterben!" vorstürmen wollte. Washington hielt ihn auf, deutete auf Hamiltons Pferd, das sich grasend langsam entfernte, und sagte trocken: „Kümmern Sie sich um Ihr Pferd, Oberst!"*

2 *Friedrich Wilhelm von Steuben, der unter Friedrich dem Großen den Siebenjährigen Krieg mitgemacht hatte, trat 1777 in den Dienst der amerikanischen Kolonien. Was er aber an Truppen vorfand, das konnte in seinen Augen kaum als Soldaten gelten. Vor allem fehlte es an Disziplin. Seine Aufgabe wurde es nun, die Männer aus den Wäldern und von den Farmen militärisch zu erziehen. Dabei scheute er nicht vor der nötigen Kleinarbeit zurück. Bei Sonnenaufgang stand er schon auf dem Exerzierplatz, ließ marschieren, schwenken und führte auch selbst die Gewehrgriffe vor. Klappte es nicht, begann er kräftig zu fluchen, bis ihm sein Wortschatz ausging. Dann winkte er einen amerikanischen Offizier heran und befahl ihm: „Fluchen Sie auf englisch für mich weiter!"*

3 *In einer Gesellschaft beklagte sich Washington darüber, daß das Kaminfeuer hinter ihm zu heiß brenne. „Sir", witzelte ein Gast, „für einen General ist es doch höchst ehrenvoll, dem Feuer standzuhalten." Washington schlagfertig: „Aber nicht, wenn es von hinten trifft."*

4 *Bei den Verhandlungen über die amerikanische Verfassung in Philadelphia 1787 wurde der Antrag gestellt, die Heeresstärke für alle Zeit auf fünftausend Mann zu begrenzen. „Vortrefflich", lobte Washington, „nur muß man noch einen kleinen Zusatz machen, daß nämlich eine feindliche Armee, die uns angreift, nie mehr als dreitausend Mann zählen darf."*

5 *Endlich war die Verfassung der USA fertiggestellt. Als nun die Abgeordneten zum Gänsekiel griffen, um ihre Unterschrift zu leisten, blickte der hochbetagte Benjamin Franklin gedankenvoll zum Präsidentenstuhl Washingtons herüber. Die Lehne dieses Stuhles war mit einer halben goldenen Sonne verziert. „Ich habe oft diese Sonne betrachtet“, sagte er, „und mich vergebens gefragt, ob sie im Aufgehen oder im Untergehen ist. Jetzt weiß ich, daß es eine aufgehende Sonne ist.“*

6 *Ein Sekretär Washingtons verspätete sich um eine halbe Stunde bei seinem Dienst. Er suchte sich eifrig zu entschuldigen. Washington schnitt ihm das Wort ab. „Zweierlei ist möglich“, knurrte er, „entweder beschaffen Sie sich eine neue Uhr oder ich mir einen neuen Sekretär.“*

7 *Als zu Beginn des 18. Jahrhunderts Montgolfier seinen ersten Luftballon aufsteigen ließ, wurde er gleich vielen anderen kühnen Wissenschaftlern, die sich mit dem gleichen Problem befaßten, nicht nur von Laien, sondern auch von vielen Kollegen verlacht. Nur wenige erkannten bereits damals, welche bedeutenden Möglichkeiten ein Gelingen der Versuche eröffnen würde. Zu diesen wenigen gehörte auch Benjamin Franklin, der nordamerikanische Staatsmann. Als einmal in seiner Gegenwart ein angesehener Gelehrter die Versuche des Ballonaufstiegs abfällig kritisierte und schließlich meinte: „Wenn der Ballon wirklich in die Luft steigen sollte, welchen Zweck hätte man damit schon erreicht?“ stellte Franklin die geistreiche Gegenfrage: „Welchen Zweck, mein Lieber, hat eigentlich ein eben geborener Säugling?“ Darauf soll keine Antwort erfolgt sein.*

8 *Franklin versicherte hochbejahrt: „Würde es mir angeboten, gern würde ich den ganzen langen Weg meines Lebens, von einem Ende zum anderen, noch einmal gehen. Ich würde mir nur die Freiheit erbitten, die ein Schriftsteller bei der zweiten Ausgabe seines Werkes genießt, Fehler der ersten zu verbessern.“*

Arbeitsimpulse:

Inwieweit sind nach Ihrer Meinung die Anekdoten typisch für die Gründungsväter? Stellen Sie die politischen Ereignisse der amerikanischen Außenpolitik zusammen, die dem Symbol der „aufgehenden Sonne“ und die, welche das Bild der „niedergehenden Sonne“ reflektieren!

„Jacksons Demokratie“

Historischer Hintergrund:

Andrew Jackson (Spitzname „Old Hickory“), als General populär geworden, wurde zweimal zum Präsidenten gewählt (1828, 1832). Sein politischer Stil wurde „Jacksonian democracy“ genannt. Kennzeichnend war das Eintreten für agrarisch-kleinbürgerliche Interessen und eine unverblümte Ämterpatronage.

1 *Die besonderen Privilegien der Nationalbank sollten auf Grund eines Kongreßbeschlusses erneuert werden. Präsident Andrew Jackson befürchtete, daß dadurch die Macht der Geldaristokratie überhand nähme, und legte sein Veto ein. Empört machten ihm Finanzleute, Fabrikbesitzer und Kaufherren heftige Vorwürfe. Er verteidigte sich: „Wenn ich ehrgeizig wäre, hätte ich mich mit der mächtigen Bank verbündet. Wenn bestechlich, hätte ich mich ihr verkauft. Wenn bequem, hätte ich die Dinge treiben lassen. Ich bin aber ein alter Mann, der bald Gott Rechenschaft ablegen muß. Dann möchte ich mit reinem Gewissen vor ihn hintreten.“*

2 *Im Weißen Haus erschien ein Kriegsversehrter, ein Stelzfuß, der im Seminolenkrieg gefochten hatte, und wollte eine Bitte vortragen. „Herr Präsident“, begann er. Jackson unterbrach ihn: „Sie waren Soldat, also nennen Sie mich General!“ Herr General, ich muß Ihnen zunächst gestehen, daß ich bei der Wahl gegen Sie gestimmt habe.“ Wieder fiel Jackson ein: „Das macht nichts. Sie haben im Kriege Ihr Bein verloren, das genügt mir.“ Und ohne viele Worte zu verlieren bewilligte er das Gesuch des Invaliden.*

Lincolns „Grundsätze“

Historischer Hintergrund:

Abraham Lincoln, 16. Präsident der USA (1861–1865), wurde von einem Rassenfanatiker erschossen, bevor er nach dem blutigen Bürgerkrieg die von ihm geplante Politik der „nationalen Wiederannäherung“ verwirklichen konnte.

1 *Der ehemalige Präsident der USA, Lincoln, war einmal, lange bevor er zu seiner hohen Würde gelangte, von einem Nachbar gebeten worden, einen Wechsel für ihn zu unterschreiben. Aber Lincoln,*

schon immer ein sehr kluger, vorsichtiger Mann, weigerte sich, obschon auf die höflichste Weise, seinem Nachbarn die verlangte Gefälligkeit zu erweisen.
Der Nachbar drang immer wieder von neuem auf Lincoln ein, aber dieser blieb unerschütterlich bei seiner Weigerung. Als ihm das Drängen schließlich zuviel wurde, sagte Lincoln: „Schaut einmal her, John, und laßt Euch die Sache begreiflich machen. Wenn ich meinen Namen unter dieses Papier setze, so werdet nicht Ihr es bezahlen, sondern ich werde es tun müssen, und dann werden wir in Streit geraten. Wenn es Euch daher recht ist, tun wir dies lieber gleich, während ich das Geld in der Tasche behalte."

2 Ein Advokat aus Springfield in Illinois trat 1858 als Kandidat für den Senat auf. Sein Gegner war der einflußreiche und ehrgeizige Stephen Douglas. Bei einer Wahlversammlung ließ sich dieser im Feuer seiner Rede zu der Bemerkung hinreißen, er möchte am liebsten die Sache durch einen Boxkampf entscheiden. Der andere entgegnete mit gutem Humor: „Schön, aber was kommt dabei heraus? Entweder, daß Douglas muskulöser als ich oder ich muskulöser als Douglas, aber mir scheint, im Senat fragt kein Mensch danach." Dieser andere hieß – Abraham Lincoln.

3 Sobald Lincoln in das Weiße Haus in Washington eingezogen war, 1861, wurde er von zahllosen Bittstellern umdrängt. Der eine wollte dieses Amt, der andere jenes. Dabei wurden oft seltsame Wünsche vorgebracht. So machte sich jemand an ihn heran, der eine schwache Lunge hatte und einen Posten in Hawaii wollte, weil dort das Klima ihm gut tun würde. „Davon bin ich überzeugt", sagte Lincoln mit kaum merkbarem Spott, „aber für Hawaii habe ich schon ein Dutzend Bewerber, die alle kränker sind als Sie."

4 Am Abend eines mit Arbeit überlasteten Tages hörte man Lincoln einmal stöhnen: „Seit ich hier bin, schlafe ich nur mit einem Auge. Beide mache ich nur zu, wenn Stellensucher kommen."

5 Schon geraume Zeit vor der Wahl Lincolns zum Präsidenten drohte die Sklavenfrage das Gefüge der Vereinigten Staaten zu sprengen. Die Baumwollkönige im Süden erklärten rund heraus: „Wir wollen nichts anderes sein als die Athener, Spartaner und Römer. Sie hielten Sklaven, und wir halten sie auch, und dabei bleibt es." Einer von ihnen kam zu Lincoln und erläuterte mit einem guten Dutzend Argumenten seinen Standpunkt. Lincoln hörte ihn geduldig an. Am Ende fragte er ihn: „Möchten Sie Sklave sein?" „Natürlich nicht", kam die Antwort. Worauf Lincoln: „Seltsam, trotz Ihrer vielen Argumente habe ich noch nie einen Menschen gefunden, der den Wunsch äußerte, Sklave zu sein."

6 Der Krieg zwischen den Nordstaaten und Südstaaten brach aus. Da kamen auch aus Übersee Freiwillige, die, angeregt durch „Onkel Toms Hütte", für die Befreiung der Sklaven kämpfen wollten. Unter ihnen befand sich auch ein preußischer Graf. Er bewarb sich bei dem Präsidenten um eine Offiziersstelle und begründete seinen Anspruch auf den Rang mit den Worten: „Ich stamme von einer der ältesten Adelsfamilien ab." Lincoln, der allem Adelsstolz abgeneigt war, klopfte ihm beruhigend auf die Schulter. „Deswegen brauchen Sie sich keine Sorge zu machen", sagte er, „wenn Sie sich als Soldat bewähren, wird Ihnen bei uns Ihre Abkunft nicht im Wege stehen."

7 Die mangelhafte Disziplin in der nordstaatlichen Armee zwang die Generale nicht selten, die Todesstrafe zu verhängen. Lincoln, den jedes Blutopfer schmerzte, unterzeichnete solche Urteile nur mit äußerstem Widerwillen. Lieber machte er von seinem Begnadigungsrecht Gebrauch. Einst kam ein alter Mann zu ihm, dessen Sohn erschossen werden sollte. Sein jammervolles Bitten und Flehen rührte ihn. Er ging also zum Schreibtisch und setzte ein Telegramm auf mit folgendem Wortlaut: „Bis weitere Befehle kommen, soll John Smith nicht erschossen werden." Der Alte las, doch seine Angst erwachte aufs neue. Mißtrauisch fragte er: „Wenn nun diese Befehle kommen, was geschieht dann?" Lincoln lächelte verschmitzt. „Falls Ihr Sohn nicht eines natürlichen Todes stirbt, bis meine Befehle kommen, kann er so alt werden wie Methusalem."

8 Bei einem Empfang führte sich ein Wähler bei Präsident Lincoln mit den Worten ein: „Herr Präsident, ich komme aus dem Staate New York, wo wir fest glauben, daß wir in diesem Kriege gegen die Konföderation durch Gott den Allmächtigen und durch Abraham Lincoln gerettet werden." „Mein Freund", erwiderte Lincoln, „Sie haben nur zur Hälfte recht."

9 Als die Südstaaten am Ende ihrer Kraft waren, suchte ihr Vizepräsident Stephen Lincoln auf und wollte mit ihm über die Möglichkeit eines Friedensschlusses sprechen. Lincoln, der sonst so Gütige und Nachgiebige, der gern dem furchtbaren Kriege ein Ende gemacht hätte, wies ihn hart ab. „Mit bewaffneten Rebellen verhandle ich nicht", erklärte er. „Aber", wandte Stephen ein, „selbst König Karl I. von England hat mit bewaffneten Rebellen verhandelt." Lincoln räumte ein, mit seinen Geschichtskenntnissen sei es schlecht bestellt. „Nur eines weiß ich", fügte er mit erhobener Stimme hinzu, „daß König Karl seinen Kopf verlor."

Arbeitsimpulse:

Welche Eigenschaften Lincolns, welche politischen und moralischen Grundsätze und Ziele lassen sich aus den Anekdoten ableiten?

Der amerikanische Bürgerkrieg

Historischer Hintergrund:

Der amerikanische Bürgerkrieg (1861–1865), auch Sezessionskrieg genannt, entzündete sich am Gegensatz zwischen Nord- und Südstaaten, welche die Wirtschaftspolitik und die Sklavereifrage unterschiedlich betrachteten. Wie häufig bei Bürgerkriegen, verlief auch der amerikanische Sezessionskrieg besonders grausam. So war es die schwierigste Aufgabe nach Kriegsende, die Wunden zu heilen und die Einheit der Nation wiederherzustellen.

Vier Jahre lang tobte der Bürgerkrieg zwischen Nord und Süd und erzeugte einen erschreckenden Haß hüben und drüben. Endlich am 12. April 1865 mußten die Konföderierten bei Appotomax die Waffen strekken. Sobald das bekannt wurde, brach unter den siegreichen Truppen ein Jubelsturm aus, und überall wurden Stimmen laut, daß nun die Zeit zur Bestrafung der Aufständischen gekommen sei. General Grant, der die Kapitulation abgeschlossen hatte, ließ sich von seinem Triumph nicht berauschen. Ihm ging es um einen gerechten Frieden, und so erklärte er vor seinen rachelüsternen Soldaten: „Der Krieg ist aus. Die Rebellen sind wieder unsere Landsleute."

Arbeitsimpulse:

Welche Probleme des Sezessionskrieges werden in der Anekdote erwähnt? Beurteilen Sie vor diesem Hintergrund die Äußerung General Grants.

„Rauhreiter" Theodore Roosevelt

Historischer Hintergrund:

Theodore Roosevelt, 26. Präsident der USA, stand nicht gerade in dem Ruf, ein höflicher Diplomat zu sein, was sich auch in den folgenden Anekdoten ausdrückt. Als Präsident war er der Hauptvertreter der amerikanischen Expansionspolitik in Mittelamerika.

1 *Anno 1901 kandidierte Theodore Roosevelt für die Republikaner. Bei einer Wahlversammlung wurde er mitten in seiner Rede durch einen Zwischenruf unterbrochen. „Mich überzeugen Sie nicht. Ich bin Demokrat." Freundlich fragte Roosevelt zurück: „Sagen Sie mir bitte, warum sind Sie Demokrat?" „Mein Großvater war Demokrat, mein Vater war Demokrat, und ich bin es auch." „Schön, also gesetzt den Fall, Ihr*

Großvater war ein Esel und Ihr Vater war auch ein Esel. Was wären Sie dann?" Schon hatte Roosevelt die Lacher auf seiner Seite, da aber kam die Antwort: „Dann wäre ich ein Republikaner."

2 *Theodore Roosevelt, der ehemalige Führer der Rauhreiter im Kriege gegen Spanien und seit 1901 Präsident, war kein Freund von umständlichen Förmlichkeiten. Nun verlangte aber der Brauch, daß bei der Einführung eines ausländischen Diplomaten Ansprachen gehalten wurden, die vorher festgelegt und ausgetauscht waren. Als sich wieder einmal ein Gesandter bei ihm vorstellen ließ und bei der Überreichung seines Beglaubigungsschreibens feierlich zu einer Rede ansetzte, unterbrach ihn Roosevelt: „Excellenz, ich habe Ihre Ansprache gelesen und Sie die meine. Wir können deshalb darauf verzichten, sie zu halten. Kommen Sie und lassen Sie uns gemütlich plaudern!"*

3 *Wegen seines leidenschaftlichen, ungeduldigen Temperaments kostete es Theodore Roosevelt viel Mühe, bei langwierigen Debatten sich zu bezähmen. Besonders schwer wurde ihm das, als er zwischen Russen und Japanern nach der Schlacht von Tshushima 1905 den Frieden zu vermitteln suchte. „Das ist ein abscheuliches Geschäft", äußerte er einem Vertrauten gegenüber, „stundenlang muß ich höflich, verständnisvoll, geduldig sein und hundertmal Dinge auseinandersetzen, die klar sind wie die Sonne. Am liebsten möchte ich aufspringen, die harten Schädel dieser Leute zusammenstoßen und meine Wut an ihnen auslassen. Aber immer wieder nehme ich mich zusammen und tue nach allen Seiten freundlich. Ich kann nur hoffen, daß diese ständige Selbstbeherrschung für meinen Charakter gute Folgen hat."*

Arbeitsimpulse:

Welche Eigenschaften Theodore Roosevelts werden in den Anekdoten wiedergegeben?

Die Prohibition

Historischer Hintergrund:

In den USA trat 1920 ein Prohibitionsgesetz in Kraft, nach dem Herstellung, Transport und Verkauf alkoholischer Getränke verboten war. Es führte zu Schmuggel, illegaler Herstellung hochprozentiger Alkoholika und begünstigte die Entstehung von organisiertem Gangstertum, wie in zahlreichen Filmen gezeigt (z. B. „Manche mögen's heiß"). 1933 wurde das Gesetz wieder aufgehoben.

Amerika war in den zwanziger Jahren ein „trockenes Land". Je strenger die Prohibition war, desto mehr Alkohol von zweifelhafter Qualität gab es. Ein New Yorker Bankier hatte eines Tages seinem Butler eine Flasche Whisky geschenkt und fragte ihn am nächsten Morgen, ob er geschmeckt habe. „Er war gerade recht", lautete die Antwort. „Was heißt gerade recht?" „Wäre er etwas besser gewesen", erklärte der Butler, „hätten Sie ihn mir nicht geschenkt, und wäre er etwas schlechter gewesen, hätte ich ihn nicht trinken können ..."

Arbeitsimpulse:

Welche Aspekte der Prohibition werden in der Anekdote erwähnt?

Herbert Hoovers Humor

Historischer Hintergrund:

Herbert Hoover, 31. Präsident der USA (1929–1933), gelang es nicht, die Probleme der Weltwirtschaftskrise zu lösen; er wurde bei den Präsidentschaftswahlen von Franklin D. Roosevelt geschlagen.

1 *Die große Wirtschaftskrise in Amerika war unter der Präsidentschaft Herbert Hoovers ausgebrochen und wurde ihm dementsprechend zur Last gelegt. Im November 1932 schlugen die Demokraten die Republikaner, und Franklin Delano Roosevelt zog ins Weiße Haus ein. Einige Zeit nach seiner Niederlage hielt Hoover eine kurze und recht witzige Ansprache bei einer Feier in der Universität Princeton. „Ich wußte gar nicht, daß Sie so viel Humor haben", beglückwünschte ihn nachher der demokratische Senator Alben Barkley. „Ich hatte ihn", antwortete Hoover, „bis ihn mir die Demokraten genommen haben ..."*

2 *Hoover hatte wirklich Humor. In seiner Autobiographie erzählt er, daß er nach seinem Abgang aus dem Weißen Haus von einem kleinen Jungen um drei Autogramme gebeten worden sei. „Warum drei?" fragte Hoover. „Weil ich für zwei von Ihnen eines vom Baseballspieler Babe Ruth bekomme."*

Arbeitsimpulse:

Beurteilen Sie Hoovers Humor. Zeigte er sich so auch in wichtigen politischen Vorgängen, wenn die Lage für ihn ungünstig war (z. B. während der Weltwirtschaftskrise)?

Franklin D. Roosevelt – private Welt und Politik

Historischer Hintergrund:

Franklin D. Roosevelt, 32. Präsident der USA (1933–1945), wurde entgegen der amerikanischen Tradition für eine 3. und 4. Amtsperiode wiedergewählt. Mit seiner New-Deal-Politik leitete er die Wende ein vom amerikanischen Liberalismus zur Sozialverantwortung des Staates.

1 *Roosevelts drastische und unorthodoxe Maßnahmen in den ersten hundert Tagen seiner Amtszeit, um der Wirtschaftskrise Herr zu werden, riefen den Unwillen des „big business" hervor. „Roosevelt ist wie Kolumbus", hieß es damals. „Als er auszog, wußte er nicht, wohin er fuhr. Als er angekommen war, wußte er nicht, wo er gewesen war."*

2 *Am Familientisch im Weißen Haus ließ Eleanor Roosevelt eine Zeitlang die gleichen Speisen servieren, die von der Arbeitslosenfürsorge in den Notstandsgebieten ausgegeben wurden. „Mama", sagte eines Tages ihr Sohn James beim Mittagessen, „wenn ich fünf Cent extra zahle, kann ich dann ein Glas Milch mehr haben?"*

3 *Eleanor Roosevelt nahm am öffentlichen Leben mehr Anteil als je zuvor eine Präsidentengattin. Als sie eines Tages das Gefängnis von Baltimore besuchte, hatte sie, ohne sich zu verabschieden, das Weiße Haus verlassen. „Wo ist meine Frau?" fragte Roosevelt, als sie nicht zum Mittagessen erschien. „Im Gefängnis von Baltimore", antwortete der Sekretär. „Wundert mich nicht", antwortete der Präsident. „Was hat sie denn angestellt?"*

4 *Die ungeheure Popularität, die sich Roosevelt in kurzer Zeit erworben hatte, machte die Demokratische Partei und ihre Kandidaten unschlagbar. In Brooklyn beklagte sich ein Kandidat bei Hymie Shorenstein, dem Vorsitzenden der Demokratischen Parteiorganisation seines Wahlkreises, darüber, daß die Partei für ihn keine Propaganda mache. „Wozu brauchen Sie Propaganda?" erwiderte Shorenstein. „Haben Sie schon einmal zugeschaut, wenn das Fährschiff von Staten Island in New York einläuft? Das Kielwasser der Fähre schwemmt Bananenschalen, faule Äpfel, alte Zeitungen, mit einem Wort den ganzen Mist, in den Hafen. Ihr Fährschiff heißt Franklin Delano Roosevelt – weshalb sorgen Sie sich?!"*

Arbeitsimpulse:

Welches Bild über den Menschen und Politiker Franklin D. Roosevelt wird in den Anekdoten vermittelt? Vergleichen Sie dieses Bild mit der Einschätzung Stalins durch Roosevelt und seinem politischen Verhalten ihm gegenüber.

VIII. Die Zeit zwischen den Weltkriegen

Zeittafel

1919–1920	Die Friedensschlüsse
1920	Kapp-Putsch
1922	Vertrag von Rapallo
1923	Ruhrkampf
1923	Höhepunkt der Inflation in Deutschland; ab November Stabilisierung der Währung
1925	Locarno-Vertrag
1925–1934	Paul von Hindenburg Reichspräsident
1926	Eintritt Deutschlands in den Völkerbund
1929	25. Oktober: Ausbruch der Weltwirtschaftskrise
1930–1932	Die Regierung Brüning
1932	Wiederwahl Hindenburgs
1933	30. Januar: Die „Machtübernahme“ durch den Nationalsozialismus

Zu den Anfangsschwierigkeiten der Weimarer Republik

Historischer Hintergrund:

Die Weimarer Republik sah sich in den Anfangsjahren einem Berg von Schwierigkeiten gegenüber. Einige davon werden in den folgenden Anekdoten charakterisiert: Das antidemokratische Denken, die wirtschaftlichen Probleme, der Kapp-Putsch, die Reichswehr als Staat im Staate.

1 *Mit der Beliebtheit der Weimarer Republik im deutschen Volke stand es nicht sonderlich gut. Walter Rathenau, Außenminister im Kabinett Wirth, gab sich darüber keiner Täusching hin. In einem Gespräch, das er kurz vor seiner Ermordung 1922 mit Fürst Bülow im Hotel Adlon hatte, äußerte er mit bitterer Resignation: „Wenn ich mich jetzt Unter den Linden aufstelle und rufe: Hoch die große alte Zeit! Hoch Bismarck, hoch Kaiser und Reich, hoch das glorreiche alte Preußen!*

dann werde ich vielleicht verhaftet, die Männer aber blicken mit Rührung auf mich, und die Frauen werfen mir Kußhändchen zu. Schreie ich jedoch: Hoch die Republik! so lacht alles."

2 *Die Besetzung des Ruhrgebiets durch französische und belgische Divisionen 1923 führte zu einem beängstigend raschen Verfall der deutschen Währung. Fast von Stunde zu Stunde sank der Wert der Reichsmark. Havenstein, der Präsident der Reichsbank, wußte keine bessere Abhilfe, als die Notenpresse immer schneller und schneller in Gang zu setzen. Im August dieses Jahres rühmte er, ohne Widerspruch zu finden, seine Arbeit mit den Worten: „Wir können jetzt täglich 46 Milliarden neues Papiergeld ausgeben." Der englische Botschafter in Berlin, Lord D'Abernon, erfuhr davon. „Merkwürdig", sagte er, „in andern Ländern hätte man einen solchen Mann längst dem Henker überliefert."*

3 *Am 8. November 1923 gegen Mitternacht lief in Berlin die erste Nachricht von dem Hitler-Putsch ein. In aller Eile traten die Reichsminister zur Beratung zusammen. Den Vorsitz führte Ebert. Er richtete an den Chef der Heeresleitung, General v. Seeckt, die besorgte Frage: „Ich möchte wirklich wissen, wo eigentlich die Reichswehr steht." Sehr kühl und knapp entgegnete Seeckt: „Die Reichswehr steht hinter mir, Herr Präsident."*

4 *Im März 1920 mußte die Reichsregierung vor dem fünf Tage währenden Kapp-Putsch nach Dresden flüchten. Unterwegs beklagte sich Dr. Meißner, der spätere Staatssekretär Eberts, Hindenburgs und Hitlers, daß man bei der überstürzten Abreise nicht einmal frische Wäsche mitnehmen habe können. „Herr Meißner", tröstete ihn der Reichsminister Hermann Müller, „die Revolution stehen wir in einem Hemde durch!"*

5 *Die Hamburger Garnison hatte beim Kapp-Putsch mitgemacht. Nachher fragte man ihren Kommandanten, Oberst von Ledebour, ob er denn nicht einen Eid auf die Republik geschworen habe. Ledebour antwortete: „In dieser Republik breche ich, wenn es sein muß, von acht bis neun Uhr alle Eide, die ich von sieben bis acht Uhr geschworen habe."*

Arbeitsimpulse:

Stellen Sie anhand der Anekdoten die Bedrohungen für die Weimarer Republik zusammen. Inwieweit liegen die Probleme bei einzelnen Personen, inwieweit sind sie grundsätzlicher Art? An welchen Beispielen kann man antidemokratische Gesinnung erkennen?

Aristide Briand als Diplomat und Politiker

Historischer Hintergrund:

Der französische Staatsmann Aristide Briand (1862–1932) erhielt zusammen mit Gustav Stresemann wegen seiner Verdienste um die europäische Verständigung 1926 den Friedens-Nobelpreis. Sein diplomatisches Geschick und seine Schlagfertigkeit inspirierten Karikaturisten und lieferten Stoff für Anekdoten. Zu Stresemanns Tod schickte er einen Kranz mit der Inschrift: „Briand, der Soldat des europäischen Friedens, seinem Waffenbruder“!

1 *Briand war wieder einmal zum Ministerpräsidenten ernannt worden. Er versammelte seine Kollegen um sich, um ihnen die Regierungserklärung zu unterbreiten, und bekam dabei zu hören: „Das ist alles gut und schön, aber ist es nötig, von der Beibehaltung des jetzigen Wahlmodus zu sprechen? Ihre Gegner werden Ihnen vorwerfen, daß Sie vor zwölf Jahren gestürzt wurden, weil Sie die Verhältniswahl verteidigten.“*
„Das ist richtig“, erklärte Briand, „aber ich bin nun einmal so, ich ändere alle zwölf Jahre meine Meinung.“

2 *Die Verhandlungen in Locarno waren in vollem Fluß. Da plötzlich brachte der 12. Oktober 1925 beträchtliche Meinungsverschiedenheiten zwischen Briand und Stresemann, durch die der weitere Verlauf der Konferenz gefährdet wurde. Zufällig hatte an diesem Tage die Gattin des britischen Außenministers Chamberlain Geburtstag. Sie lud die Konferenzteilnehmer zu einer Lustfahrt auf dem Lago Maggiore ein, und was sie erhofft hatte, geschah. In der Kajüte der Yacht kam es zu freundschaftlichen Gesprächen und schließlich zur Einigung. Nach der Landung wurden die Staatsmänner von Reportern umdrängt. Mit gutem Humor antwortete Briand auf ihre neugierigen Fragen: „Wir haben uns eingehend mit Fischkunde befaßt und dabei festgestellt, daß die Fische eine sehr bemerkenswerte Eigenschaft besitzen – die Schweigsamkeit.“*

3 *Die europäische Politik der späten zwanziger Jahre stand im Zeichen des großen französisch-deutschen Verständigungsversuches Aristide Briands und Gustav Stresemanns. Briand war der geborene Unterhändler und Diplomat. Nachdem er einmal in Spanien einen Stierkampf besucht hatte, wurde er gefragt, wie es ihm gefallen habe. „Sehr gut“, antwortete Briand. „Aber schicken Sie den Torero fort, geben Sie mir ein Bündel Heu und lassen Sie mich in die Arena. Sie werden sehen, in einer Viertelstunde habe ich mit dem Stier Frieden geschlossen!“*

Gustav und Aristide – Amor und Psyche in Genf

aus: „Le Rire“, 9. 3. 1929 in: Lachen streng verboten!, S. 232

Arbeitsimpulse:

Wie wird Briand in den Anekdoten und von dem Karikaturisten gesehen? Welche seiner Fähigkeiten waren für seine Politik nützlich? Welche (allgemein menschlichen) Schwächen scheint er außerdem gehabt zu haben?

Die Weltwirtschaftskrise

Historischer Hintergrund:

Am 24. Oktober 1929, dem „schwarzen Donnerstag", begann in USA die Weltwirtschaftskrise, die Millionen Menschen in aller Welt ihrer Ersparnisse beraubte und große Not auslöste. Sie dehnte sich rasch auf Europa aus. Trotz des Elends entstanden eine Reihe von Anekdoten, einige mit etwas makabrer Tendenz.

1 *Die große Wirtschaftskrise wurde in den Vereinigten Staaten doppelt hart empfunden, weil sie die Periode der Nachkriegsprosperität jäh unterbrochen hatte. Auf märchenhaften Reichtum folgte bitterste Not. „Amerika", sagte der Komiker Will Rogers, „ist die einzige Nation, die im Auto ins Armenhaus fährt."*

2 *Um die Auswirkungen der Weltwirtschaftskrise zu mildern, wurde die Bank für Internationalen Zahlungsausgleich mit dem Sitz in Basel gegründet. Der österreichische Bankier Felix Somary traf in Baden-Baden den deutschen Reichsbankpräsidenten Hjalmar Schacht, der mit Vertretern der First National Bank von New York und der First National Bank von Chicago das Statut der neuen Bank ausarbeitete. Schacht zeigte Somary den Entwurf der Satzungen und fragte: „Was halten Sie davon?" „Ave, Cäsar, moratoria te salutant!" antwortete Somary.*

3 *Den verderblichen Kreislauf der Wirtschaftskrise charakterisierte folgende Geschichte: Ein Arbeiterkind fragt die Mutter: „Warum heizen wir nicht?" – „Weil es keine Kohle gibt." – „Warum haben wir keine Kohle?" – „Weil der Vater arbeitslos ist." – „Warum ist der Vater arbeitslos?" – „Weil es zu viel Kohle gibt!"*

4 *Die Karikatur, für die James T. McCutcheon von der „Chicago Tribune" den Pulitzer-Preis 1932 erhielt, setzte den Schlußpunkt hinter die tollen zwanziger Jahre. Sie zeigte ein Opfer der Wirtschaftskrise, einen alten, abgerissenen Mann, der auf einer Bank des New Yorker Central-Parks sitzt und gefragt wird: „Warum haben Sie nicht gespart, wie die Zeiten noch gut waren?" Der Mann antwortet: „Genau das ist es, was ich gemacht habe..."*

Arbeitsimpulse:

Schildern Sie mit eigenen Worten die oben erwähnten scheinbar absurden Vorgänge! Erläutern Sie das Wortspiel „moratoria te salutant"? Welche Problematik macht die 4. Anekdote deutlich? Können Sie ähnliche Beispiele eines Teufelskreises nennen, wie er in den Anekdoten 3 und 4 beschrieben wird?

Hindenburgs Alter und die Politik

Historischer Hintergrund:

Als Paul von Hindenburg am 10. April 1932 zum 2. Male zum Reichspräsidenten gewählt wurde, war er bereits 84 Jahre alt. Viele Entscheidungen, die er in seinen letzten Lebensjahren traf, werden seinem hohen Alter zugeschrieben; so auch, daß er die Ernennung Hitlers zum Reichskanzler nicht verhindert hat. Noch kurz vor der „Machtergreifung" soll er über ihn gesagt haben: „Reichskanzler will der werden? Höchstens Postminister. Dann kann er mich von hinten auf den Briefmarken."

1 ***Hindenburgs hohes Alter machte sich immer mehr bemerkbar. Er stützte sich bei seinen Entscheidungen in zunehmendem Maße auf Oskar Hindenburg, seinen „in der Verfassung nicht vorgesehenen Sohn", und auf Staatssekretär Meißner. Ein Disput zwischen den beiden soll von Meißner einmal mit der Frage beendet worden sein: „Wer ist hier eigentlich Präsident? Sie oder ich?"***

2 ***Schließlich gab Hindenburg nach. Im letzten Augenblick versuchte die Reichswehr die Ernennung Hitlers zu verhindern. Nach den Wintermanövern, bei denen ein Flußübergang geübt worden war, erschien der Chef der Heeresleitung, General von Hammerstein-Equord, beim Reichspräsidenten und brachte seine Bedenken vor. Hindenburg winkte ungnädig ab: „Es wäre besser, wenn sich die Herren weniger um die Politik und mehr um ihren Dienst kümmern würden." Und dann, den Krückstock auf den Boden stoßend, mit erhobener Stimme: „Ihr Oderübergang, Herr von Hammerstein, hat mir ganz und gar nicht gefallen...!"***

3 ***Die Ernennung Hitlers wurde allgemein der Senilität Hindenburgs zugeschrieben. Entsprechende Geschichten begannen rasch zu zirkulieren. Am Abend des 30. Januar 1933 marschierten lange Kolonnen von Braunhemden an der Reichskanzlei vorbei. Plötzlich soll der Sieger von Tannenberg zu einem neben ihm stehenden General gesagt haben: „Ich habe gar nicht gewußt, daß wir so viele Russen gefangen haben..."***

4 Einer anderen Geschichte zufolge faltete eine Dame, die von Hindenburg empfangen werden sollte, das Einwickelpapier des Blumenstraußes, den sie mitgebracht hatte, im Vorzimmer sorgfältig zusammen. Bestürzt eilt Staatssekretär Meißner herbei und ruft: „Lassen Sie um Gottes willen kein Papier herumliegen; der alte Herr unterschreibt es sonst sofort!“

5 Als junger Leutnant hatte Hindenburg an dem Feldzug gegen Österreich 1866 teilgenommen. Seit dieser Zeit war ihm der Name der Stadt Braunau in Böhmen bekannt. So konnte es geschehen, daß er dieses Braunau mit dem Geburtsort Hitlers in Oberösterreich verwechselte. In seiner tiefen Abneigung gegen den revolutionären Demagogen nannte er ihn deshalb verächtlich den „böhmischen Gefreiten“. „Hitler ist ein Trommler“, sagte er ein andermal, als ihm geraten wurde, sich mit Hitler zu verständigen, „aber hat man je gehört, daß ein General einem Trommler nachläuft?“

Arbeitsimpulse:

Welche Rückschlüsse auf die geistige Verfassung des Reichspräsidenten in seinen letzten Amtsjahren lassen die Anekdoten zu? Welche folgenschweren Entschlüsse bzw. Handlungen werden seinem hohen Alter zugeschrieben? Lassen sich Lehren aus der zweiten Amtsperiode von Hindenburg ziehen? Wie schätzt Hindenburg Hitler und dessen politische Ambitionen ein?

Papens Staatsstreich in Preußen

Historischer Hintergrund:

Der sozialdemokratische Politiker Carl Severing war als Innenminister neben Ministerpräsident Otto Braun die führende Persönlichkeit der preußischen Regierung während der Weimarer Republik. Die in der Anekdote geschilderte Haltung kennzeichnet die legalistische Haltung der Sozialdemokraten in der Endphase der Republik gegenüber den Feinden der Demokratie.

Im Juli 1932 wurde die sozialdemokratische Regierung Preußens durch den Reichskanzler Papen auf Grund einer Notverordnung beseitigt. Innenminister Severing befand sich in seinem Amtsgebäude, als ihm gemeldet wurde, draußen stände ein Leutnant mit zwölf Mann, der den Auftrag habe, seine Entfernung zu bewirken, notfalls mit Gewalt. Severing erhob sich. „Ich weiche der Gewalt“, sagte er getreu dem Vorbild des Hauptmanns der Bürgerwehr 1848 beim Einmarsch Feldmarschalls Wrangels in Berlin und verließ das Zimmer.

Arbeitsimpulse:

Wie verhielt sich der preußische Innenminister gegenüber der Anordnung des Reichskanzlers? Hätte es andere Möglichkeiten gegeben?

Brünings Sparsamkeit

Historischer Hintergrund:

Als Reichskanzler versuchte Heinrich Brüning mit Notverordnungen die Wirtschaftskrise zu bekämpfen. Eine maßvolle Preis- und Lohnpolitik und die Ordnung der Reichsfinanzen standen im Vordergrund seiner Bemühungen.

Das Finanzelend Deutschlands suchte Reichskanzler Brüning durch äußerste Sparsamkeit zu beheben. Er beschnitt die Gehälter, auch die der Minister, und nicht zum wenigsten sein eigenes. Es gab Leute, die sogar behaupteten: „Am Monatsende geht Brüning zur Reichskasse und liefert dort ab, was er von seinem Gehalt nicht verbraucht hat.“

Arbeitsimpuls:

Was sagt die Anekdote über den Politiker und Menschen Brüning aus?

IX. Der Nationalsozialismus

Zeittafel

1933	30. Januar: Adolf Hitler wird Reichskanzler; 23. März: Ermächtigungsgesetz
1934	Röhm-Affäre
1938	Reichskristallnacht, Anschluß Österreichs, Münchener Konferenz
1939	Deutscher Angriff auf Polen
1940	Einmarsch in die Niederlande, Belgien und Frankreich
1941	Angriff auf die Sowjetunion, Kriegseintritt der USA
1943	Februar: Fall von Stalingrad
1944	20. Juli: Attentat auf Hitler
1945	8. Mai: Bedingungslose Kapitulation der deutschen Wehrmacht

Anekdoten und Karikaturen in totalitären Staaten

Es ist kein Zufall, daß in totalitären Staaten nur wenig Anekdoten erzählt und kaum Karikaturen gezeichnet werden. Zwar gibt es auch hier Bewunderer und Verehrer der Diktatoren, aber es ist doch zu gewagt, ihnen durch Anekdoten näherzutreten. Dafür kursieren Flüsterwitze in großer Zahl, die natürlich nicht aus Bewunderung entstanden sind, sondern als Mittel gelten, um sich Luft zu verschaffen und die Zustände besser ertragen zu können. Karikaturen können nicht wie Flüsterwitze verbreitet werden. Daher findet man Karikaturen über das Dritte Reich nur im Ausland.

Das Verhältnis Hitler–Mussolini

Historischer Hintergrund:

Aus dem vorsichtigen Abtasten der beiden Diktatoren bei ihrem ersten Zusammentreffen 1934 in Venedig ist schließlich ein Militärbündnis, der sog. „Stahlpakt“, entstanden (vgl. die beiden Karikaturen S. 88).

1934: Die Schachpartie beginnt

aus: Lachen streng verboten!, S. 267

1939: Der Stahlpakt

aus: Lachen streng verboten!, S. 286

Arbeitsimpulse:

Wie wird das Verhältnis der beiden Diktatoren gesehen? (1934) Welche Bedeutung haben Schachspiel und Pistolen? Wie sieht die Lage für den Karikaturisten 1939 aus? Wie sieht der Karikaturist die Situation im Jahr 1939?

„Die Stärke der Deutschen, ihre Tradition“

Historischer Hintergrund:

Die nachstehende Karikatur erschien am 23. März 1939 in der französischen Zeitschrift „Le Gringoire“. Die älteren Franzosen hatten zwei deutsche Invasionen erlebt. Sie empfanden das nationalsozialistische Deutschland als unmittelbare Bedrohung und als in der deutschen Tradition stehend.

1939: Die Stärke der Deutschen ist ihre Tradition

aus: „Le Gringoire“ 1939. in: Lachen streng verboten!, S. 286

Arbeitsimpulse:

Auf welche Vorgänge spielt die Karikatur auf S. 89 an? Was erscheint zutreffend, was als überzogen?

„Zehn kleine Meckerlein" (Flüstervers)

Historischer Hintergrund:

Spötter nutzten als Vorlage das bekannte Kinderlied von den zehn Negerkindern, bei denen eines nach dem anderen durch irgendein Malheur verschwand, indem sie die wichtigsten Meckereien, für die man abgeholt werden konnte, als Beispiele verwandten. Für die Tugend des Schweigens fanden die Witzemacher die Formel: „Nach der Gleichschaltung der Länder sind wir ein Volk; es gibt keine Preußen, Bayern, Thüringer und Sachsen mehr, es gibt nur noch Braun-Schweiger."

Zehn kleine Meckerlein, die saßen einst beim Wein;
der eine machte Goebbels nach,
da waren es nur noch neun!
Neun kleine Meckerlein, die hatten was gedacht;
dem einen hat man's angemerkt,
da waren es nur noch acht!
Acht kleine Meckerlein, die hatten was geschrieben;
dem einen hat man's Haus durchsucht,
da waren es nur noch sieben!
Sieben kleine Meckerlein, die fragen einmal „schmeckt's?"
Der eine sagte „Schlangenfraß",
da waren es nur noch sechs.
Sechs kleine Meckerlein, die schimpften auf die Pimpfe,
der eine sagte „Lausepack",
da waren es nur noch fünfe.
Fünf kleine Meckerlein, die saßen am Klavier;
der eine spielte Mendelssohn,
da waren es nur noch vier.
Vier kleine Meckerlein, die kannten Dr. Ley;
der eine wußte was von ihm
da waren es nur noch drei.
Drei kleine Meckerlein, die nannten Mythos „Dreck";
da holte Pg Rosenberg gleich zwei von ihnen weg.
Ein kleines Meckerlein ließ dies Gedicht mal sehn;
man brachte es nach Dachau hin,
da waren es wieder – zehn.

Arbeitsimpulse:

Erläutern Sie mit eigenen Worten die verschiedenen Meckereien, die so gefährlich waren! Welche sind besonders charakteristisch für die Atmosphäre im Dritten Reich? Warum ist Wissen allein schon gefährlich?

„Feine Unterschiede" zwischen Hitler und Friedrich d. Großen

Historischer Hintergrund:

Hitler sah sich gerne in einer Reihe mit den Großen der deutschen Geschichte stehend, wobei er sich natürlich für noch größer als seine bewunderten Vorgänger hielt. Bismarck und Friedrich der Große schienen ihm besonders würdige Vorbilder zu sein. Der Kanzler, weil er Politik mit „Blut und Eisen" machte, der Preußenkönig, weil er als unbeugsamer Feldherr auch vor einer Übermacht von Feinden nicht verzagte. Dies inspirierte Spötter zu wenig schmeichelhaften Vergleichen.

> ***Hitler ist gestorben und begegnet im Jenseits Friedrich dem Großen, den er als seinen Vorgänger kollegial anspricht: „Sie haben Preußen großgemacht, ich Deutschland." Darauf antwortet Friedrich: „Unsere Methoden sind verschieden. Bei mir konnte jeder nach seiner Façon selig werden, während..." Hitler: „Aber Majestät, ich habe doch den Konfessionen Freiheit und Sicherheit gegeben!" Friedrich: „Es gibt da feine Unterschiede. Meine Façon wird mit c geschrieben, Ihre mit SS."***

Arbeitsimpulse:

Inwieweit stimmen die Voraussetzungen für den Vergleich? Wo liegen die Unterschiede?

Friedrich Schillers Dramen für einzelne Nationen

Historischer Hintergrund:

Der folgende Schillerwitz kursierte sicher nicht bei der breiten Masse. Er soll kurz nach der deutschen Besetzung Frankreichs entstanden sein. Genaueres ist nicht bekannt.

Während der deutschen Besetzung Frankreichs tritt ein Deutscher in das Abteil eines Zuges von Paris, grüßt mit „Heil Hitler" den einzigen französischen Fahrgast, der mit „Bonjour" antwortet, und setzt sich auf diese Brüskierung hin ärgerlich nieder. Bald darauf entdeckt der Deutsche, daß der Franzose Schiller liest. Jetzt beschließt er, Rache zu nehmen, und sagt ironisch: „Aha, unseren deutschen Dichter Schiller lesen Sie also, aber Heil Hitler können sie nicht sagen!" Darauf antwortet der Franzose: „Wieso, Schiller ist doch ein internationaler Dichter." Der Deutsche erstaunt, und sein Gegenüber erklärt ihm: „Ja, sehen Sie, er hat für die europäischen Völker geschrieben, für die Engländer ‚Maria Stuart', für die Spanier ‚Don Carlos', für die Tschechen ‚Wallenstein', für die Schweizer ‚Wilhelm Tell', für die Franzosen ‚Die Jungfrau von Orleans'." Da wird der Deutsche ungeduldig und fragt: „Ja, und was denn für die Deutschen?" Darauf sagt der Franzose ruhig: „‚Die Räuber'."

Winston Churchill spottet über Hitler

Historischer Hintergrund:

Nicht nur in Karikaturen wurden jeweils die Feinde verspottet, der glänzende Redner Churchill benutzte häufig das Mittel der Ironie. Er spielte auf Hitlers Biographie an (Maler) und auf die Tatsache, daß er Schicklgruber heißen würde, wäre sein Vater nicht von seinem Großvater adoptiert worden.

1 *Churchill war mit Ausbruch des Krieges wieder Marineminister geworden. Charakteristisch für seine Tätigkeit war die Flut von Memoranden, Weisungen und Anfragen, die er täglich diktierte. In einer Notiz an den Zweiten Seelord vom 7. Oktober 1939, die sich mit den ungleichen Aufstiegsmöglichkeiten von Dienstgraden in der Marine befaßte, hieß es am Schluß: „Wenn ein Funker aufsteigen kann, warum nicht auch ein Anstreicher? Offensichtlich steht in Deutschland dem Aufstieg von Anstreichern nichts im Wege."*

2 *„Als Herr Hitler am 20. Juli der Bombe entging, schrieb er sein Überleben einem Akt der Vorsehung zu. Ich finde, daß wir dem vom rein militärischen Gesichtspunkt aus nur zustimmen können; es wäre ein großes Unglück für die Alliierten, wenn sie in der letzten Phase des Kampfes auf das strategische Genie des Gefreiten Schicklgruber verzichten müßten, das so bemerkenswert zu ihrem Sieg beigetragen hat."*

Arbeitsimpulse:

Was bedeuten die Anspielungen in den Anekdoten? Inwieweit hat Hitler den Spott über seine Feldherrenkunst selbst herausgefordert?

General Speidel über den „Feldherrn" Hitler

Historischer Hintergrund:

Zwar war es schon während des Krieges höchst umstritten, daß Hitler sich die Rolle des Oberbefehlshabers anmaßte (Gröfaz = größter Feldherr aller Zeiten). Offen konnte natürlich an dieser Selbstüberschätzung keine Kritik geübt werden. Daher ist die Bemerkung von General Speidel über das Scheitern des Vormarsches im Osten auch erst aus der Zeit nach 1945 überliefert.

„Zu viele Russen und ein Deutscher zuviel: Hitler."

Arbeitsimpulse:

Auf welche Vorgänge wird in der Anekdote angespielt? Wie wird Hitler von Speidel eingeschätzt?

Hitler im Spottgedicht

Historischer Hintergrund:

Hitlers Tendenz, andere nachzuahmen, inspirierte zu Spottversen, die hier ein Gedicht Goethes zur Vorlage hatten. Dabei wird unter anderem auf Hitlers Vorliebe für historische Gestalten angespielt.

Vom Duce hat er die Montur,
die römischen Allüren,
von Marx die Kollektivnatur,
die Lust am Nivellieren.
Am Staat, der über Leichen geht,
ist Machiavell beteiligt,
und St. Ignatius Pate steht
beim Zweck, der alles heiligt.
Da man die Attribute nicht
von der Substanz kann trennen,
was, frag' ich, ist am großen Licht
noch Original zu nennen?

Arbeitsimpulse:

Welche Eigenschaften der genannten historischen Figuren sind jeweils gemeint? Auf welche Verhaltensweisen Hitlers beziehen sich diese Anspielungen?

Die Rivalität von Partei und Wehrmacht

Historischer Hintergrund:

Schon in den frühen 30er Jahren gab es unter dem Nationalsozialismus eine offene Rivalität zwischen Partei und Wehrmacht. Viele Offiziere sahen beispielsweise die Entmachtung der SA durch die Röhm-Affäre nicht ungern. Während des Krieges hatte die Wehrmacht häufig über Einmischungen durch die Partei zu klagen.

> ***Besonders verärgert waren die Soldaten darüber, daß die Partei immer mehr den Ton angab. In Kasinos und Kantinen der Deutschen Wehrmacht sprach man damals vom Entwurf für das Siegesdenkmal, das nach Kriegsende errichtet werden sollte: Ein riesiger Marmorblock gegenüber dem Brandenburger Tor und darauf nichts als die Inschrift: „Der siegreichen Partei – Die dankbare Wehrmacht.“***

Arbeitsimpulse:

Was wollten die Spötter mit der Inschrift charakterisieren?

Hitler als Verehrer Richard Wagners

Historischer Hintergrund:

Hitler liebte es, die Bayreuther Festspiele zu besuchen. Seine Vorliebe für „Der Ring des Nibelungen“ oder „Parsifal“ hing sicher auch damit zusammen, daß in diesen Wagner-Opern nordische Mythologie thematisiert wurde. Der Flüsterwitz verhöhnte diese Neigung in geistreichen Wortspielen:

> ***Hitler, der Wagner-Verehrer, hat beschlossen, nach dem Muster seines großen Meisters die Geschichte seiner Regierung in einem großen „Bühnen-Weh-Festspiel“ zu verherrlichen. Die vier Teile des neuen „Niegelungenringes“ werden heißen: Keingold, Willkür, Niefried und Gettodämmerung.***

Arbeitsimpulse:

Erläutern Sie die Wortspiele des Witzes vor dem Hintergrund der nationalsozialistischen Innen- und Wirtschaftspolitik!

Hitlers „neue" deutsche Verfassung

Historischer Hintergrund:

Hitlers Mißachtung der deutschen Verfassung und seine brutalen Rechtsübergriffe waren Zielscheibe mancher Witze. So parodierten Spötter das neue Verfassungswerk:

> ***Die Deutsche Verfassung ist bedeutend vereinfacht worden. Sie hat nur noch die folgenden Paragraphen:***
> ***1. Das deutsche Volk besteht aus dem Führer und den Angeführten.***
> ***2. Der Führer ernennt und erschießt seine Minister persönlich.***
> ***3. Alle Stände sind abgeschafft, insbesondere der Wohlstand und der Anstand. Zugelassen ist nur der Notstand.***

Arbeitsimpulse:

Welche Anspielungen auf die Politik Hitlers enthält die „neue" Deutsche Verfassung?

Der ideale Deutsche und die gute Martinsgans

Historischer Hintergrund:

Beliebt waren sogenannte Gruppenwitze nach dem Schema: „Hitler, Göring und Goebbels gingen einmal..." Die nationalsozialistische Ideologie beschrieb den deutschen Mann mit besonderen Merkmalen und Eigenschaften: „blond, blauäugig, hart wie Kruppstahl, zäh wie Leder, flink wie Windhunde etc." Im merkwürdigen Kontrast dazu standen viele der obersten Repräsentanten: Hitler, Göring, Himmler, Goebbels. Dies regte zu zahlreichen spöttischen Vergleichen an:

1 *Wie sieht der ideale Deutsche aus?*
Blond wie Hitler,
groß wie Goebbels,
schlank wie Göring und
keusch wie Röhm.

2 *Was verlangt man von einer guten Martinsgans, wenn sie auf den Tisch kommt?*
Sie muß sein:
so braun wie Adolf,
so fett wie Göring,
so schlabberig wie Goebbels und
so gut gerupft wie das deutsche Volk.

Arbeitsimpulse:

Aus welchen Kontrasten, bzw. Vergleichen ziehen die Witze ihre Wirkungen?

Hermann Göring als Witzfigur

Historischer Hintergrund:

Mehr als jeder andere der Naziführer eignete sich der Reichsmarschall Hermann Göring als Witzfigur. Durch seine Übertreibungen in Reden und Aussprüchen, durch seine Korpulenz, vor allem aber durch seine Eitelkeit, die sich schon an seiner ordensgeschmückten Brust zeigte, forderte er die Witzeschöpfer geradezu heraus. Die Scherze über ihn reichten von dem etwas groben Volksmund („Links Lametta, rechts Lametta, und der Bauch wird immer fetter") über Scherzfragen („Ist es richtig, daß der verhaftete Hermann Göring als evakuierte Ordensburg aufzufassen ist?") zu etwas geistreicheren Spötteleien:

Bei einer Reise durch den Teutoburger Wald erblickt Göring in der Ferne ein großes Bauwerk. Auf seine Frage, was das sei, wird erwidert: „Das ist das Hermannsdenkmal." Darauf Göring geschmeichelt lächelnd mit repräsentativer Bescheidenheit: „Oh, das wäre für die paar Tage nicht nötig gewesen."

Arbeitsimpulse:

Welche Eigenschaften Görings tauchen in Anekdoten über ihn immer wieder auf? Warum ist wohl der Spott im Flüsterwitz über Göring etwas wohlwollender als der gegenüber anderen Nazigrößen?

„Die Uhr am Rhein“

Historischer Hintergrund:

Als der Karikaturist des britischen „Daily Mirror“ am 27. Februar 1945 die „Uhr am Rhein“ zeichnete, war das Reich bereits in die militärische Zange genommen. Die Sowjets hatten diе Autobahn Berlin–Breslau überquert, die Westalliierten kämpften am Rhein. Das Ende zeichnete sich schon deutlich ab.

Arbeitsimpulse:

Beschreiben Sie die Karikatur! Was will der Karikaturist mit dem Motiv aussagen? Welche zwei Symbole sind dargestellt? Warum wohl?

1945: Die Uhr am Rhein

aus: „Daily Mirror“ 1945. in: Lachen streng verboten!, S. 310

X. Der Weltkommunismus

Zeittafel

1818–1883	Karl Marx
1820–1895	Friedrich Engels
1848	Kommunistisches Manifest
1867	Der 1. Band des „Kapital“ wird veröffentlicht
1870–1924	Lenin
1893–1976	Mao Tse-tung
1917	Oktoberrevolution in Rußland
1922	Stalin Generalsekretär
1936–1938	Schauprozesse und die „Große Säuberung“
1949	Volksrepublik China
1953	Tod Stalins
1956	Beginn der „Entstalinisierung“
1976	Tod Mao Tse-tungs
1976	Richtungskämpfe in China und später Sieg der „gemäßigten“ Gruppe

Karl Marx in der kommunistischen Anekdote

Historischer Hintergrund:

Über Karl Marx wie auch über andere sozialistische Denker und Arbeiterführer wird man in westlichen Editionen kaum Anekdoten finden. Zahlreich werden dagegen anekdotische Szenen in einer DDR-Ausgabe (Pijet) dargestellt. Allerdings sind sie so heroisierend, daß sie weniger als Quellen instruktiv sind, sondern vielmehr darüber Aufschluß geben, wie der Autor die Akteure sehen will, nämlich in ihrer „Hingabe an die historische Befreiungsmission der Arbeiterklasse“. Dementsprechend sollte sich der Lehrer bei den „Arbeitsimpulsen“ verhalten.

1 Im Sommer 1856 erschien bei Marx ein Vertreter des westfälischen und rheinischen Industrieproletariats. Die Arbeiter seien bereit, erklärte er, jeden Tag loszuschlagen, um die Bourgeoisie zu stürzen. Überall in Solingen, Elberfeld und Iserlohn sammelten sich bereits alle Kräfte für den entscheidenden Augenblick, und man erwarte von den Londonern, daß sie sich rüsteten, den Kämpfenden dann sofort zu Hilfe zu eilen.
Obwohl Marx die Kühnheit, die aus diesen Worten sprach, bewunderte, erschrak er tief vor deren Ahnungslosigkeit, vor der gänzlichen Verkennung der politischen Situation. „Wenn wir Deutschland erreichten", entgegnete er besorgt, zugleich schonungslos, „könnten wir uns nur noch vor euren Gräbern verneigen. Hut ab vor eurem Mut! Aber nicht vor eurem Verstand, wenn er euch bei der Wahl des richtigen Augenblicks so schlecht berät. Meßt die Aussicht auf einen Sieg nicht allein daran, wie stark ihr euch fühlt, sondern auch daran, wie stark der Gegner ist. Die Revolution will keine Opfer, sondern den Sieg!"

2 Nachdem Marx 1861 in Deutschland und unter anderem auch in Berlin bei Ferdinand Lassalle gewesen war, machte jener 1862 in London einen Gegenbesuch und nahm dabei auch das Gespräch über ein gemeinsames Zeitungsprojekt wieder auf. Doch wußte Marx immer noch nicht genau, ob er ablehnen sollte oder nicht und wog Für und Wider bei sich ab.
Als Lassalle die Unschlüssigkeit spürte, hielt er sich an Jenny (v. Westphalen, Ehefrau von Karl Marx), in der Hoffnung, Marx über sie zu gewinnen. Dabei trat er nach bewährter Dramaturgie als ein umschmeichelter Künstler auf, der sich auf seine Wirkung bei Frauen einiges zugute tat. Doch verfing er gerade damit bei Jenny nicht. Auf sein Selbsturteil, die Frauen schätzten an ihm eben die Unruhe und Flatterhaftigkeit, antwortete Jenny sehr bestimmt: „Aber nur jene, die ebenso ihr Spiel mit dem Manne treiben wie Sie mit ihnen. Die Frau, die wirklich liebt, will, daß der Mann – ein richtiger Mann – beständig und beharrlich ist!" Ihr Blick glitt dabei unwillkürlich zu Mohr. Im Verlauf des anschließenden Gesprächs mit Lasselle lehnte Marx dann seine Mitarbeit an der Zeitung ab.
„Du hast für mich mit entschieden, Möhme!" sagte Marx. „Jemand, der mit so vielen liebäugelt, fällt auch auf Feinde herein, wenn sie nur mit ihm kokettieren. Ich möchte mich nicht mit all seinen Liebsten auf einem Blatt wiederfinden."
Aber auch Lenchen[1] Demuth lehnte Lassalle instinktiv ab. „Hat er sich nicht vor dir sehr korrekt und höflich aufgeführt?" forschte Jenny nach dem Grund, und Lenchen erwiderte: „Dieser Herr hat mehr von uns erwartet, als unsere Küche bieten kann. Dafür hat er uns geboten, was er nicht besaß."

[1] Lenchen D. lebte mit der Familie Marx in London als „Mädchen für alles".

3 Im September 1871 verbreitete die Pariser Presse die Nachricht, daß der Kopf und Chef der Internationale, Karl Marx, unerwartet verstorben sei. Freund und Feind widmeten ihm daraufhin lange, hier wie dort achtungsvolle Nachrufe, die Karl sehr aufmerksam und mit besonderem Vergnügen las. Nur seine Angehörigen waren betroffen. Jenny vermutete irgendeinen Hinterhalt, und Lenchen schimpfte lauthals. Doch Karl tröstete sie: „Wer schon zu Lebzeiten begraben wird, der überlebt seine Zeit!“

Arbeitsimpulse:

Welche Tendenz in der Betrachtungsweise über K. Marx wird in den Anekdoten deutlich?

Legenden um Lenin

Historischer Hintergrund:

Was oben zu Marx-Anekdoten in der DDR gesagt wurde, gilt in ähnlicher Weise für die Legendenbildung um Lenin. Die Heroisierung ist noch etwas deutlicher, weil seine Tätigkeit als aktiver Politiker und Revolutionär mehr Möglichkeiten bietet.

1 Im Jahre 1907 versammelten sich die Sozialisten vieler Länder zum ersten Mal im Heimatland von Marx und Engels zu einem Kongreß. Die russischen Genossen hatten einen ihrer entschlossensten und bewährtesten Köpfe nach Stuttgart geschickt. Er nannte sich Lenin und überraschte die Delegierten durch sein leidenschaftliches Auftreten und durch sein vorzügliches Deutsch. Ebenso klug wie kühn forderte er einen Beschluß, im Falle eines Kriegsausbruches die Werktätigen aller Länder zu entschlossenen Aktionen aufzurufen und den drohenden Weltbrand im Keim zu ersticken. Ausgerechnet aber die Vertreter der deutschen Rechten brachten eine solche Fülle von Bedenken und Einwänden vor, so daß der Mehrheit der Delegierten das Bewußtsein ihrer Stärke verlorenging und Lenins Kampfforderung ohne Bestätigung blieb.

Jedoch stimmte Rosa Luxemburg, die Lenin genau beobachtet und seiner Rede mit wachsender innerer Spannung gelauscht hatte, seinem Vorschlag demonstrativ zu. „Schau dir den da gut an!“ sagte sie zu Clara Zetkin, die neben ihr saß. „Dieser eigenwillige Schädel ..., der ist imstande, Mauern umzustoßen. Und er wird sich Anhänger erobern, einen nach dem andern, dessen bin ich ganz sicher.“ Clara Zetkin aber lächelte vergnügt: „Ich merke, liebe Rosa, daß er dich bereits erobert hat.“

2 *Als am 7. November 1917 Lenin... den Delegierten des II. Sowjetkongresses die Besetzung des Winterpalais und die Verhaftung der Provisorischen Regierung bekanntgab, eilte der menschewistische Oberleutnant Kutschin zur Rednertribüne und verkündete, vor den Toren Petrograds stünde die erste bis zwölfte Armee bereit, um die bolschewistische Revolution hinwegzufegen. Drohend schwang er seine Faust und schrie: „Sie haben sich das Meer zum Feind gemacht. Es wird Sie verschlingen!" Ruhig erklärte daraufhin Lenin, begleitet vom Jubel einer überwältigenden Mehrheit abgeordneter Arbeiter, Bauern, Soldaten: „Wir sind jetzt das Meer!"*

3 *Im Jahr 1920 weilte Clare Zetkin zum ersten Mal in Moskau; sie war zum Weltkongreß der Kommunistischen Internationale delegiert. Hier besuchte sie bald nach ihrer Ankunft auch die Redaktion der „Prawda", wo Lenins jüngste Schwester, Maria Uljanowa, als Redakteurin wirkte. Maria empfing die deutsche Parteiführerin sehr herzlich und benachrichtigte sofort ihren Bruder. Lenin schloß Clara Zetkin in die Arme und befragte sie nach Wohlergehen und Aufnahme in Moskau. Obwohl Lenin und seine Schwester gut deutsch sprachen, mühte sich Clara mit ihrem mangelhaften Russisch. In ihrer temperamentvollen Art beschwerte sie sich, sie habe kein öffentliches Gebäude in Moskau ohne Propusk betreten dürfen. Lediglich zur „Prawda" habe sie diese Legitimation nicht gebraucht.*
„Es freut mich, liebe Clara, daß Sie wenigstens den Weg zur ‚Wahrheit' ungehindert betreten durften", erwiderte Lenin lachend in deutsch.

Arbeitsimpulse:

Welches Leninbild gewinnt der Leser nach der Lektüre der drei Anekdoten? Welche Ziele verfolgt der Anekdotenschöpfer? Wo erscheinen die Darstellungen realistisch, wo übertrieben?

Pro und Contra Lenin in der Karikatur

Historischer Hintergrund:

Beide Karikaturen erschienen 1920, also im Abstand von drei Jahren zur Oktoberrevolution. Zu der russischen Karikatur von Wiktor Deni heißt es in den Erläuterungen eines DDR-Didaktikers (Alfried Krause: Die politische Karikatur im Geschichtsunterricht. Volk und Wissen Berlin 1978, S. 123): „Das wahre Wesen der geschlagenen Kräfte des Imperialismus und der Konterrevolution wird bloßgelegt. Lenin fegt den Erdball von diesem

Geschmeiß sauber. Die Kraft der Sowjetmacht und die Überlegenheit des Marxismus-Leninismus führten zur kläglichen Niederlage der Reaktion im Interventions- und Bürgerkrieg. Die junge Sowjetmacht benutzte die Karikatur als scharfe Waffe gegen das historisch Überlebte." Die zweite Karikatur stammt von Olaf Gulbransson, dem berühmten Zeichner des „Simplizissimus".

Lenin fegt Monarchen, Priester und Kapitalisten aus der Welt

aus: R. Philippe, Political Graphics, S. 221

Lenin läßt sich vom Papst zum Kaiser von Europa krönen

aus: „Simplicissimus" 1920 in: R. Philippe, Political Graphics, S. 220

Arbeitsimpulse:

Auf welchem Widerspruch baut die 2. Karikatur auf?

Der Stalinismus im Flüsterwitz

Historischer Hintergrund:

Jossif Wissarionowitsch Stalin, seit 1922 Generalsekretär des ZK, schaltete nach Lenins Tod (1924) alle Konkurrenten aus. Ab 1927 herrschte er als unumschränkter Diktator. Höhepunkte der Diktatur waren die „Säuberungen" der 30er Jahre. Der Flüsterwitz blühte unter dem Stalinismus, da er eine Ventilfunktion erfüllte. Die folgende Auswahl soll vor allem die Atmosphäre zur Zeit Stalins charakterisieren. Erzähler und Zuhörer gingen stets das Risiko ein, verhaftet zu werden.

1 *Ist es wahr, daß Genosse Stalin Witze über seine Person sammelt? Ja, aber zuerst sammelt er diejenigen, die diese Witze erzählen.*

2 *Drei Leute sitzen in einer Gefängniszelle und unterhalten sich. „Weshalb hat man dich eingesperrt?"*
„Weil ich zu spät zur Arbeit kam, hat man mir Sabotage vorgeworfen. Und du?"
„Ich bin zu früh zur Arbeit gekommen, deshalb hielt man mich für einen Spion. Und du?"
„Ich bin pünktlich zur Arbeit gekommen. Mein Fleiß und Eifer waren aber in ihren Augen nur ein Deckmantel für meine Feindschaft gegenüber dem Kommunismus."

3 *Stalin beschwert sich bei Berija: „Stell dir vor, man hat mir meine Uhr gestohlen!"*
Darauf der mächtige Chef der Geheimpolizei: „Genosse Stalin, wir werden das schon erledigen."
Am nächsten Tag ruft Stalin Berija an: „Berija, die Sache hat sich geklärt, ich habe die Uhr gefunden. Ich hatte sie unter meinen Papieren verlegt."
„Zu spät, Genosse Stalin, wir haben 50 Verdächtige verhaftet, und alle haben gestanden."

4 *Der Schulinspektor inspiziert eine Schule. In einer Klasse bemerkt er einen Globus auf dem Tisch und fragt die Kinder: „Wer sagt mir, weshalb der Globus gebogen ist?"*
Alles schweigt. Niemand weiß die Antwort.
Am Abend ist der Inspektor in einer Gesellschaft, wo alle Größen der Stadt versammelt sind, und erzählt dem Ersten Parteisekretär die Geschichte: „Ihr Sohn hat auch keine Antwort gegeben."
Darauf der Parteifunktionär: „Aber, lieber Genosse, ich kenne doch meinen Sohn, er hat es bestimmt nicht gemacht!"

Am nächsten Tag ruft der Chef der Geheimpolizei, der ebenfalls Zeuge des Gesprächs am Vorabend war, den Inspektor an und sagt: „Keine Sorge, Genosse, wir haben alle Lehrer verhört, und die Sache ist geklärt."
„Genosse Major, was soll hier geklärt werden, ich wollte nur feststellen, wie niedrig das Niveau ist. Der Globus muß doch gebogen sein!"
„Zu spät, Genosse, alle haben schon gestanden, daß sie es gemacht haben."

5 *Auf dem XX. Parteitag der Kommunistischen Partei der Sowjetunion wurde der Personenkult angeprangert. Chruschtschow hatte die Verbrechen der Stalin-Ära entlarvt. Die Menschen aber fragten sich, wie konnte es zu solchen Untaten kommen? Wo waren diejenigen, die jetzt, nach dem XX. Parteitag, über diese Verbrechen reden, damals zu Stalins Zeiten?*
Auf einer Parteiversammlung, vor der Nikita Chruschtschow eine Rede gehalten hatte, ruft ein junger Aktivist: „Na gut, Nikita Sergejewitsch, jetzt entlarvst du die Verbrechen, aber wo wart ihr eigentlich damals alle?"
Nikita steht auf und schreit mit wütender Stimme: „Wer hat diese Frage gestellt?"
Im Saal herrschte Stille. Alle haben Angst. Nikita wiederholt ein paarmal drohend: „Zum letztenmal, wer hat diese Frage gestellt?"
Nach einer Weile sagt er ruhig: „Genossen, ihr wollt wissen, wo wir damals waren. Hier ist die Antwort: dort, wo ihr jetzt seid."

6 *Chruschtschows bedeutendster Schritt war die große Entstalinisierungsrede vor dem XX. Parteikongreß im Jahre 1956. Nachdem er geendet hatte, wurde ihm ein Zettel auf die Tribüne gereicht, auf dem stand: „Was tatest du, während Stalin seine Verbrechen beging?" Chruschtschow las die Frage vor und sagte: „Ich bitte den Genossen Fragesteller aufzustehen?" Niemand rührte sich. „Das", sagte Chruschtschow, „ist genau das, was ich getan habe, während Stalin an der Macht war."*

7 *Obwohl Chruschtschows Rede nicht veröffentlicht wurde, verbreitete sich ihr Inhalt wie ein Lauffeuer. Wie immer reagierte der Volkswitz schnell auf die neue Situation. „Ein junger Mann", erzählte man in Moskau, „kommt in eine Buchhandlung und verlangt die neueste Ausgabe der Sowjetenzyklopädie. ‚Ich möchte', erklärt er, ‚wissen, ob mein liebes gutes Väterchen von den stalinistischen Horden meuchlings ermordet wurde, oder ob dieser scheußliche Hochverräter seine gerechte Strafe durch die proletarische Justiz erhalten hat.'"*

Arbeitsimpulse:

Beschreiben Sie die allgemeine Situation in der Sowjetunion, die sich aus den beiden ersten Witzen ableiten läßt! Welche Aussage über das Polizeiregime Stalins ergibt sich aus der 3. Anekdote? Welche Haltung mußte das Volk unter Stalins Herrschaft einnehmen? Wie wird das Verhalten Chruschtschows charakterisiert?

Leonid Breschnew im Flüsterwitz

Historischer Hintergrund:

Nach Stalin war Leonid Breschnew der Parteisekretär, der am längsten amtierte. Er war im Ausland nicht so bekannt wie der urwüchsige Chruschtschow und nicht so gefürchtet wie Stalin. Die nicht sehr zahlreichen Witze über ihn zeigen, wie das Volk ihn sah.

> *Die Mutter Breschnews besucht ihren Sohn in Moskau. Stolz zeigt er ihr seine Wohnung und das Büro im Kreml.*
> *„Hier ist mein Arbeitszimmer, mein Salon und mein Schlafzimmer. Das ist das Gästezimmer, und hier wirst du wohnen. Der Farbfernseher gehört dir natürlich auch. Wenn du auf diesen Knopf drückst, kommt ein Dienstmädchen, es wird dir alle Wünsche erfüllen; es versorgt dich mit Essen und Getränken. Drückst du den zweiten Knopf, erscheint mein Sekretär und steht dir für alle Wünsche zur Verfügung. Und wenn du den dritten Knopf bedienst, kommt mein Chauffeur, der fährt dich, wohin du willst."*
> *Am Abend, als Breschnew nach Hause kommt, findet er seine Mutter in Tränen aufgelöst.*
> *„Aber Mama, was ist denn, was ist passiert?"*
> *„Ach, mein Sohn, nichts, gar nichts. Ich habe mir nur Gedanken über 1917 gemacht, und auf einmal bekam ich Angst, daß plötzlich die bösen Bolschewiken kommen und uns alles wieder wegnehmen!"*

Arbeitsimpulse:

Wie unterscheidet sich der Witz über Breschnew von Witzen zu Stalins Lebzeiten? Wie wird Breschnew hier charakterisiert? Welche politische Klimaveränderung unter Breschnew deutet die Anekdote an?

Radio Eriwan antwortet

Historischer Hintergrund:

Witze über Radio Eriwan sind innerhalb der kommunistischen Länder, aber auch im Westen sehr beliebt. Sie sind meist nach dem gleichen Schema aufgebaut. Der Rundfunk der Armenischen Sowjetrepublik beantwortet Hörerfragen, wobei die zunächst nur rhetorisch gemeinte (oder etwas ungläubige) Frage mit „im Prinzip ja" beantwortet wird, dann folgen jedoch Einschränkungen, die die Fragen stets auf den Kopf stellen.

Frage an Radio Eriwan:
„Stimmt es, daß man auf dem Roten Platz in Moskau umsonst Autos an die Bevölkerung verteilt hat?"
Antwort:
„Im Prinzip ja.
Es war allerdings nicht auf dem Roten Platz, sondern in der Leninstraße. Es war auch nicht in Moskau, sondern in Odessa. Es waren auch keine Autos, sondern Fahrräder. Man hat sie auch nicht verteilt, sondern gestohlen. Alles andere stimmt aber!"

Arbeitsimpulse:

Wer kennt weitere Radio-Eriwan-Witze? Welchen Zweck erfüllen sie? Welche Bereiche betreffen sie gewöhnlich? Warum sind sie beim Volk so populär?

Titos Hang zum Luxus

Historischer Hintergrund:

Josip Broz Tito (1892–1980), jugoslawischer Marschall und Staatspräsident, war schon seit 1937 Generalsekretär der jugoslawischen KP. Nach der Abkehr von der Sowjetunion verfolgte er einen eigenen Weg zum Sozialismus (1948), der nach ihm „Titoismus" genannt wurde. Als Integrationsfigur gelang es ihm, die Einheit und Unabhängigkeit des Vielvölkerstaates zwischen Ost und West zu erhalten. Persönlich pflegte er, wie die meisten Diktatoren, einen aufwendigen Lebensstil.

Nach dem Bruch zwischen Tito und Stalin im Jahre 1948 öffneten sich die Grenzen Jugoslawiens für westliche Besucher. Die bekannte amerikanische Tänzerin Gipsy Rose Lee mietete auf einer Ferienreise durch Europa einen Rolls-Royce und fuhr damit nach Jugoslawien. Auf einer

engen Gebirgsstraße stieß sie, eindeutig durch ihr Verschulden, mit einem Motorrad zusammen. Der Fahrer blieb unverletzt, und das Motorrad war nur leicht beschädigt, aber nach einem kurzen Blick auf den Rolls-Royce ließ der Motorradfahrer seine Maschine liegen und verschwand in den Büschen. Gipsy Rose Lee meldete den Vorfall bei der nächsten Polizeistation und fragte, weshalb der Motorradfahrer wohl verschwunden sei. „Madame", erklärte ihr der Polizeibeamte, „in ganz Jugoslawien gibt es zwei Rolls-Royce. Beide gehören Marschall Tito. Können Sie sich jetzt vorstellen, warum der Motorradfahrer verschwunden ist?"

Arbeitsimpulse:

Können Sie die Pointe mit eigenen Worten erläutern? Erklären Sie, warum man einen strengeren Maßstab anlegt, wenn ein kommunistischer Führer luxuriös lebt?

Die Machtergreifung der Kommunisten in Prag (1948)

Historischer Hintergrund:

Die Tschechoslowakei war das letzte Land im Bereich der Roten Armee, in dem die Kommunisten die Macht ergriffen. Damit verloren alle nichtkommunistischen Politiker ihren Einfluß. Auch für die katholische Kirche begann eine Zeit der Konfrontation.

1 *Seit Beginn des Jahrhunderts war der „brave Soldat Schwejk" der Inbegriff des listenreichen, alle Gefahren überdauernden Tschechentums gewesen. Als im Februar 1948 die Kommunisten in Prag die Macht ergriffen, war auch die Zeit Schwejks vorbei. Am 7. März 1948 beging Außenminister Jan Masaryk, der Sohn des tschechoslowakischen Staatsgründers, der den Untergang seines Vaterlandes nicht überleben wollte, Selbstmord. Am Tage vorher hatte er noch zu seinem Sekretär, Josef Josten, gesagt: „Svejkovina je u konce" – „Die Schwejkerei ist zu Ende."*

2 *Mit der Machtergreifung der Kommunisten begann der Kampf gegen die Kirche. Der Erzbischof von Prag, Josef Beran, der bereits während der nationalsozialistischen Zeit im Konzentrationslager Dachau gesessen war, leistete erbitterten Widerstand. Schließlich erschien Justizminister Repicka beim Erzbischof und forderte ihn auf, sich zu unterwerfen. Beran hörte den Minister schweigend an; dann öffnete er einen Kasten, nahm die Häftlingstracht heraus, die er in Dachau getragen hatte, und sagte: „Gehen wir!"*

Arbeitsimpulse:

Was ist damit gemeint: „Die Schwejkerei geht zu Ende?" Welche Möglichkeiten des Widerstandes gibt es nach der Methode „Schwejk"? Welchen Vergleich macht der Erzbischof? Inwieweit ist ein solcher Vergleich berechtigt?

Der russisch-chinesische Konflikt

Historischer Hintergrund:

Der chinesische Kommunismus hatte zwar ideologische Anteile aus dem Marxismus-Leninismus übernommen, er war aber von Mao doch in so starkem Maße auf die chinesischen Verhältnisse zugeschnitten worden, daß man zurecht vom „Maoismus" oder von den „Mao Tsetung-Ideen" sprechen konnte. In den 50er und 60er Jahren kam es zu harten ideologischen und außenpolitischen Streitigkeiten.

1 *Den Hintergrund der Annäherungsversuche Chruschtschows an den Westen bildete der große russisch-chinesische Konflikt. Dieser Konflikt ist so tiefgreifend, daß er sogar in den Lexika seinen Niederschlag findet. In der Sowjet-Enzyklopädie aus dem Jahre 1955 wurde Mao Tse-tung als „großer marxistischer Theoretiker" bezeichnet. In der Ausgabe 1957 war er ein „sehr großer marxistischer Theoretiker". 1960 hieß es nur noch „marxistischer Theoretiker", und in der neuesten Ausgabe steht schlicht und einfach „Theoretiker".*

2 *Die unwirkliche Atmosphäre des ideologischen Disputs zwischen Moskau und Peking gab die Londoner „Times" in der Geschichte „Papiertiger", die aus Warschau stammen soll, treffend wieder: Chruschtschow und Mao Tse-tung gehen auf Tigerjagd. Ein Tiger taucht auf, Mao zielt und schießt daneben. Er zielt ein zweites Mal und trifft neuerlich daneben. Dann legt Chruschtschow an und erlegt den Tiger mit dem ersten Schuß. Da das Tier von den beiden Jägern nicht weggetragen werden kann, holt Chruschtschow Hilfe herbei. Als er mit den Trägern zurückkommt, ist der Tiger verschwunden. „Wo ist der Tiger?" fragt Chruschtschow. „Welcher Tiger?" fragt Mao Tse-tung zurück. Freundlich beginnt Chruschtschow zu erklären: „Du erinnerst dich, daß wir auf die Tigerjagd zogen." „Ja." „Wir sahen den Tiger!" „Gewiß." „Du schossest zuerst und verfehltest ihn." „Das tat ich." „Du schossest ein zweites Mal und wieder daneben." „Das ist richtig." „Dann schoß ich, und der Tiger war tot." „Ja." „Dann ging ich zur Quelle, um Wasser zu holen." „Ja." „Als ich zurückkam, warst du allein, vom Tiger keine Spur." „Was für ein Tiger?"*

Arbeitsimpulse:

Zeigen Sie den Verlauf der ideologischen Auseinandersetzung anhand der Formulierungen in der Enzyklopädie! Inwieweit ist das Beispiel mit dem fiktiven Dialog zur Tigerjagd anschaulich?

„Die sozialistische politische Karikatur" in der DDR

Historischer Hintergrund:

Welche Rolle die Karikatur im Klassenkampf spielen soll, geht aus den Worten des DDR-Didaktikers Alfried Krause hervor, wenn er die untenstehende Karikatur so erläutert: „Die sozialistische politische Karikatur zieht ihre Überzeugungskraft vor allem aus der Überlegenheit des real existierenden Sozialismus, aus der unerschütterlichen Freundschaft zur Sowjetunion, aus dem proletarischen Internationalismus. Von dieser Position aus enthüllt sie im weltweiten Klassenkampf zwischen Sozialismus und Imperialismus nicht nur die gefährliche Aggressivität des Imperialismus, sondern zeigt auch die Machtlosigkeit seiner Vertreter gegenüber der Kraft der geeinten Arbeiterklasse, die ihre historische Mission erfüllt." (A. Krause, Die politische Karikatur, S. 26)

Arbeitsimpulse:

Welcher Vorgang wird in der Karikatur dargestellt? Mit welchen Mitteln arbeitet der Karikaturist? Was soll ausgesagt werden?

aus: A. Krause,
Die politische Karikatur, S. 27

„Chaos" oder Planung im Kommunismus

Das System der Planwirtschaft in den Staaten des Ostblocks ist auf so viele Bereiche ausgedehnt, daß sich die Bürger kaum mehr vorstellen können, daß etwas ohne Planung geschieht. Je detaillierter eine Planung, um so schwerer wiegen die Pannen. Die Scherze über verfehlte Planungen oder Pannen sind entsprechend zahlreich: „Ich plane, du planst, er plant – was für eine Zeit ist das? Das ist vertrödelte Zeit."

1 *Ein sowjetischer Bürger unterhält sich mit einem Franzosen. „Wie ist es eigentlich bei euch mit der Bekleidung?"*
„Ganz einfach, man geht in einen Laden und kauft, was man will. Es gibt natürlich verschiedene Läden, teure und billige."
„Und woher bekommt man die Bezugsscheine?"
„Es gibt keine Bezugsscheine."
„Und wie ist es mit Lebensmitteln?"
„Genauso."
„Und wie ist es, wenn Sie in einer Provinzstadt wohnen, so wie bei uns in Tula oder Saratow, und Sie wollen nach Paris fahren. Wo bekommt man eine Komandirowka, einen Reisepassierschein für die Fahrkarte?"
„Das braucht man bei uns überhaupt nicht. Am Bahnhof kaufen Sie am Schalter einfach eine Fahrkarte und können dann fahren wohin Sie wollen."
„Und wie bekommt man eine Genehmigung, wenn man in eine andere Stadt ziehen will oder sogar in die Hauptstadt, nach Paris?"
„Man sucht sich einfach eine Wohnung, bezahlt die Miete und das ist alles."
„Unerhört", sagt der Russe, „wie kann man in einem solchen Chaos leben?"

2 *Zwei bedeutende Vertreter Großbritanniens besuchen Prag. Die ČSSR-Behörden bemühen sich, ihnen den besten Eindruck vom sozialistischen Prag zu vermitteln. So ergeht an alle Dienststellen der Befehl, den Engländern alle Wünsche zu erfüllen.*
Als die Engländer in ein Restaurant kommen, fragen sie den Ober: „Was können Sie uns empfehlen?"
„Ach, meine Herren, wir haben alles, was Sie sich wünschen."
„Also, wir möchten Elefantenbraten mit Makkaroni."
„Einen kleinen Moment, bitte", sagt der Ober und eilt zum Direktor. Der Direktor ruft sofort das Zentralkomitee an, und schon geht eine Order an den Zoo, man solle sofort einen Elefanten ins Restaurant schicken. Bereits nach 15 Minuten sehen die beiden Gäste durchs Fenster, wie man einen Elefanten heranführt. Aber es vergehen Stunden und vom Braten keine Spur.

Da rufen sie den Ober und fragen: „Was ist denn mit unserem Braten? Wir haben doch schon vor Stunden den Elefanten gesehen.“ „Meine Herren“, sagt traurig der Ober, „ja, den Braten haben wir schon, aber wir versuchen seit Stunden, Makkaroni zu bekommen.“

Arbeitsimpulse:

Was sagt der erste Witz über die Auswüchse der Planung aus? Welche Alltagssituation wird im zweiten Witz beschrieben? Können Sie weitere Beispiele geben?

Kritik am Warenangebot in der DDR-Karikatur

Die satirische DDR-Zeitschrift „Eulenspiegel“ nahm sich schon häufig Themen vor, die weite Teile der Bevölkerung betrafen bzw. beunruhigten. Bei der vorliegenden Karikatur wird mit Hilfe des Märchens vom Aschenputtel Kritik an den Wirtschaftsfunktionären geübt, die den Bedarf dem fehlenden Angebot des Handels anpassen wollen.

Aschenputtel

aus: „Eulenspiegel“ 1963. in: A. Krause, Die politische Karikatur..., S. 63

Arbeitsimpulse:

Erläutern Sie die Kritik, indem Sie die Karikatur mit dem entsprechenden Märchen vergleichen. Wodurch unterscheidet sich derselbe Vorgang in Karikatur und Märchen? Was sagt die Karikatur über die Versorgungslage der Bevölkerung in der DDR aus?

Wilhelm Pieck – mal so, mal so

Historischer Hintergrund:

In der DDR-Anekdotensammlung von Pijet erlebt der Leser die SED-Spitzenpolitiker als strahlende Helden, die sich auch in schwierigen Situationen von einer schlagfertigen, geistreichen, vor allem aber volksnahen Seite zeigen. Dagegen wird im Flüsterwitz über die gleichen Personen gelegentlich ein vernichtendes Urteil gesprochen. Hier Beispiele zum 1. Staatspräsidenten der DDR Wilhelm Pieck und anderen hochrangigen Politikern.

Anekdote

1 *Wilhelm Pieck behielt auch als Präsident ein feines Gefühl für alltägliche Sorgen von Arbeitern und für die Atmosphäre in einem Betrieb. Die Arbeiter ihrerseits spürten, daß sie ihm vertrauen konnten. So offenbarten ihm Eislebener Kumpel allerlei Mißstände, und er schlug den leitenden Genossen vor, mit der Belegschaft offen zu reden. Die Versammlung fand statt. Der Parteisekretär jedoch – wohl gut gemeint, aber die Tatsachen entschärfend – umrankte die sachlichen Feststellungen derart mit Zitaten, daß jeder Irrtum notwendig schien und jede Schlamperei ihre entschuldbare Erklärung fand. Die Kumpel rückten auf ihren Stühlen, bis Wilhelm Pieck den Redner rigoros unterbrach. „Ich bewundere deine Kenntnisse, Genosse“, sagte er. „Tatsache, du hast gut gelernt. Aber damit allein bekommen wir die Karre nicht aus dem Dreck. Es kommt jetzt weniger darauf an, Marx und Lenin zu zitieren, als marxistisch-leninistisch zu handeln.“*

Flüsterwitz

2 *Ulbricht besucht die Volksrepublik China. Die Krönung seines Besuches ist der Empfang bei Mao. Während des freundschaftlichen Gesprächs fragt Walter Ulbricht den Führer der chinesischen Volksrepublik: „Genosse Mao, wie viele Gegner hat der Kommunismus in China?“*
„Ich schätze unsere Gegner im Lande auf 17 Millionen“, antwortet Mao. Darauf sagt Ulbricht begeistert: „Das sind genauso viel wie bei uns in der DDR.“ (Die DDR hat etwa 17 Mio. Einwohner.)

3 „Kennst du die prominentesten SED-Mitglieder?"
„Ja, Pieck, Ulbricht und Grotewohl."
„Aber nein, das sind die Heiligen Drei Könige."
„Wieso?"
„Sie haben das Licht im Osten gesehen, haben sofort die Arbeit niedergelegt und sind an die Krippe geeilt."

4 „Was ist ein Pieck-Wagen?"
„Ein Lastwagen ohne Anhänger."

Arbeitsimpulse:

Wie soll Wilhelm Pieck in der Anekdote erscheinen? Aus welcher Quelle könnte die Beschreibung stammen? Welche Einstellung der Bevölkerung zu den SED-Politikern läßt sich den Flüsterwitzen entnehmen? Welche Merkmale des Regimes werden bloßgestellt?

Kapitalismus und Kommunismus – Definitionen und Vergleiche

Historischer Hintergrund:

Bei allen ideologischen Auseinandersetzungen und Vergleichen zwischen westlichen und östlichen Systemen spielt die Wirtschaft eine große Rolle. Die Auswirkungen spürt die Bevölkerung unmittelbar und daher blüht auch der Flüsterwitz auf diesem Gebiet. Eine geistreich-boshafte Formulierung stammt von Winston Churchill (1. Beispiel).

1 „Dem Kapitalismus wohnt ein Laster inne: Die ungleichmäßige Verteilung der Güter; dem Sozialismus hingegen wohnt eine Tugend inne: Die gleichmäßige Verteilung des Elends."

2 Nach einer Versammlung fragt Ivanow den Parteiredner: „Genosse, Sie sagten eben, der Kapitalismus sei schlecht."
„Ja, natürlich."
„Sie sagten auch, der Kapitalismus sei ein faulendes System und habe abgewirtschaftet."
„Ja, richtig."
„Aber weshalb sollen wir dann den Kapitalismus einholen?"

3 Was ist das: Kommunismus?
Das ist der Sieg der Idee über den gesunden Verstand.

4 Was hat die DDR von den Entwicklungsstufen der Menschheit übernommen?
Von der Urgemeinschaft – die Kultur,
von der Antike – die Sklaverei,
vom Feudalismus – die Hierarchie,
vom Kapitalismus – die Ausbeutung,
vom Sozialismus – den Namen.

5 Neben dem russisch-chinesischen Konflikt machte Chruschtschow vor allem das Versagen der sowjetischen Landwirtschaft zu schaffen. Als er im Jahre 1963 gezwungen war, große Weizenkäufe in Amerika und Kanada zu tätigen, machte eine Karikatur die Runde durch fast alle Zeitungen der freien Welt. Sie zeigte Chruschtschow an seinem Schreibtisch und neben ihm den sowjetischen Landwirtschaftsminister, der sagt: „Genosse Chruschtschow, wenn der Kommunismus die ganze Welt erobert hat, wo werden wir dann unseren Weizen kaufen?"

6 In Moskau zirkulierte zur gleichen Zeit ein bissiges Wort: „Wißt ihr, was Stalins letzter großer Fehler war? Daß er nur für zehn Jahre Weizen gelagert hat!"

7 Im Jahre 1963 war es aber so wie zu Stalins Zeiten in Moskau nicht ratsam, Witze zu erzählen. Chruschtschow ließ den Korrespondenten des amerikanischen Nachrichtenmagazins „Time" ausweisen, weil dieser in einem Bericht eine beliebte Moskauer Scherzfrage wiedergegeben hatte: „Wie wird das Jahr 1964 sein?" Antwort: „Schlechter als 1963, aber besser als 1965."

8 Eine der besten Definitionen der Entstalinisierung stammt vom Verfasser der „Unfrisierten Gedanken" und der „Neuen unfrisierten Gedanken", dem Polen Stanislaw Jerzy Lec. „Schont die Sockel, wenn ihr die Denkmäler stürzt", sagte Lec. „Sie können noch gebraucht werden!"

Arbeitsimpulse:

Hier sind die Übertreibungen besonders kraß. Zeigen Sie trotzdem den jeweils realen Kern der Definitionen. Beurteilen Sie selbst, welche von ihnen es wert sind, behalten zu werden!

XI. Deutschland nach 1945

Zeittafel

1949	23. Mai: Verkündung des Grundgesetzes, d.h. Entstehung der Bundesrepublik Deutschland
	Konrad Adenauer Bundeskanzler (bis 1963)
	Theodor Heuss Bundespräsident
1952	Deutschlandvertrag: Aufhebung des Besatzungsstatuts
1956	Aufbau der Bundeswehr
1963–1966	Kabinett Ludwig Erhard
1966–1969	Große Koalition, Kurt Georg Kiesinger Bundeskanzler
1969–1983	Sozialliberale Koalition
	Willy Brandt Bundeskanzler (bis 1974)
	Helmut Schmidt Bundeskanzler (bis 1982)
seit 1983	CDU/CSU-F.D.P.-Koalition
	Helmut Kohl Bundeskanzler

Nachkriegsjahre

Historischer Hintergrund:

In den folgenden Anekdoten spiegeln sich einige charakteristische Merkmale der deutschen Nachkriegszeit wider. Die Not der Menschen (zerstörte Städte, Hunger, Kälte, zerrissene Familien, völlig unzureichende Versorgung der Bevölkerung), die Abhängigkeit der deutschen Politiker von den Besatzungsmächten und die allmähliche Rückkehr zum Alltag.

1 *Die Gegensätze zwischen Ost und West waren bereits bei der Außenministerkonferenz am Beginn des Jahres 1948 in Moskau zum Ausbruch gekommen. Nach der völlig ergebnislosen Konferenz wurde der amerikanische Außenminister George Marshall in New York von einem Journalisten gefragt: „Über welche deutschen Probleme konnte man sich nicht einigen?" „Es fängt damit an", antwortete Marshall, „daß wir uns nicht einmal einigen konnten, was Deutschland ist!"*

2 Der Kölner Kardinal Frings ist einer der wenigen Menschen, deren Name bereits zu ihren Lebzeiten in ein Wörterbuch aufgenommen wurde. In der Silvesterpredigt 1946 hatte der Kardinal angesichts der bedrückenden Verhältnisse in der hungernden und frierenden Stadt gesagt, daß „in der Not auch der einzelne das wird nehmen dürfen, was er zur Erhaltung seines Lebens und seiner Gesundheit notwendig hat, wenn er es auf andere Weise, durch seine Arbeit oder durch Bitten nicht erlangen kann". Später ließ Frings verlauten, er habe dabei vor allem an die alliierten Kohlenzüge gedacht. Seither heißt es im „Wörterbuch der deutschen Umgangssprache", Band 1, Seite 179: „Fringsen (intransitiv): In der Not zur Selbsthilfe greifen."

3 Im Jahre 1948 wurde Ernst Reuter zum Oberbürgermeister von Berlin gewählt. Als er nach der Vereidigung nach Hause fuhr, schaute er nachdenklich aus dem Wagenfenster und sagte: „Nun bin ich Oberbürgermeister über Trümmer . . ."

4 Berlin wurde zum Schauplatz der ersten großen Ost-West-Auseinandersetzung nach dem Krieg. Anfänglich trauten die Amerikaner dem Widerstandswillen der Berliner ebensowenig wie die Deutschen der Verteidigungsbereitschaft des Westens. „Wenn es notwendig ist, müssen Sie mit dem Rücken gegen die Wand kämpfen!" belehrte ein amerikanischer General Ernst Reuter. „Ich bin gerne bereit, mit dem Rücken gegen die Wand zu kämpfen", antwortete Reuter. „Ich frage mich nur eines: Sind Sie eine Wand?"

5 Mit der sowjetischen Blockade im Jahre 1948 erreichte der Kampf um Berlin seinen Höhepunkt. Täglich war Ernst Reuter in der hungernden und frierenden Stadt unterwegs, um über die Freiheit zu sprechen. „Von der Freiheit kann der Mensch nicht leben!" hielt ihm ein Zwischenrufer vor. Reuter rief zurück: „Der Fisch lebt auch nicht vom Wasser, aber er lebt im Wasser. Der Mensch lebt nicht von der Freiheit, aber er kann nur in Freiheit leben."

6 Mutige Männer nahmen den Kampf gegen Hunger und Not auf. Ludwig Erhard, damals noch Wirtschaftsbeauftragter für die amerikanische Besatzungszone in Deutschland, wagte verhältnismäßig früh die Aufhebung des Rationierungssystems. Entsetzt ließ ihn der amerikanische Hochkommissär, General Clay, rufen und hielt ihm vor: „Herr Erhard, meine Ratgeber sagen mir, daß Sie einen furchtbaren Fehler begangen haben." „Herr General", antwortete Erhard, „hören Sie nicht darauf. Meine Ratgeber sagen mir das gleiche."

Arbeitsimpulse:

Zeigen Sie anhand der Anekdote typische Situationen und Verhältnisse der Nachkriegszeit! Welche Eigenschaften werden den genannten deutschen Nachkriegspolitikern zuerkannt? Inwiefern ist die erste Anekdote für das Deutschlandproblem und den Ost-West-Konflikt typisch? Was macht die vierte Anekdote deutlich?

Theodor Heuss und Konrad Adenauer

Historischer Hintergrund:

Der erste deutsche Bundespräsident Prof. Dr. Theodor Heuss war ein vielseitig gebildeter Mann, der auch im Ausland durch seine Bescheidenheit und seine humorvolle Art ein hervorragender Vertreter der deutschen Demokratie war. Auf seine eigene Weise war dies auch der erste deutsche Bundeskanzler Dr. Konrad Adenauer. An ihm schieden sich zwar innenpolitisch die Geister, weil er als profilierter Politiker seine Ziele entschieden durchzusetzen verstand. Humor sprachen ihm aber auch die Vertreter der Opposition nicht ab. Für das Verhalten der beiden geben die folgenden Anekdoten aufschlußreiche Beispiele.

1 *In der Bundesrepublik Deutschland fanden im Sommer 1949 die ersten Wahlen statt, aus denen die CDU/CSU als Sieger hervorging. Die erste Besprechung über die Regierungsbildung wurde am 21. August 1949 in Konrad Adenauers Rhöndorfer Heim abgehalten. Nachdem sich Adenauer selbst als Kandidaten für das Amt des Bundeskanzlers nominiert hatte, schlug er Professor Heuss von der FDP als Bundespräsidenten vor. „Professor Heuss soll aber nicht sehr kirchenfreundlich eingestellt sein", bemerkte ein CSU-Vertreter. „Das macht nichts", erwiderte Adenauer. „Er hat eine sehr fromme Frau, und das genügt!"*

2 *Als die Nominierung von Professor Heuss bei einer gemeinsamen Fraktionssitzung von CDU und FDP offiziell vorgeschlagen wurde, meinte ein Zwischenrufer von der CDU: „Der Heuss, das ist noch ein liebenswürdiges Fossil aus der Weimarer Zeit!" Gereizt entgegnete ein Abgeordneter der FDP: „Und was ist Adenauer?" Da stand Adenauer auf und sagte: „Meine Herren, es ist mir gänzlich neu, daß Sie mich für liebenswürdig halten!"*

3 *Konrad Adenauer hatte als Bundeskanzler oft Gelegenheit, sein Verhandlungsgeschick zu beweisen. Als er einmal eine Gruppe von katholischen Würdenträgern um die Zustimmung zu einer unpopulären Maßnahme ersuchte, sagten ihm die Vertreter der Kirche: „Dazu werden wir niemals ja sagen!" „Meine Herren", erwiderte Adenauer, „meiner Meinung nach soll die Kirche weder ja noch nein, sondern amen sagen!"*

4 *Der erste Staatsbesuch des deutschen Bundespräsidenten in London war für Heuss und die Bundesrepublik ein großer moralischer Erfolg, wenngleich der Empfang durch die Bevölkerung eher kühl war. Nach der Fahrt durch London erwähnte die Begleitung des Bundespräsidenten, daß das Spalier begeistert gejubelt habe. „Unsinn", antwortete Heuss, „achtzig Prozent haben der Königin zugejubelt, zehn Prozent den Pferden und zehn Prozent mir – und das waren deutsche Touristen!"*

Arbeitsimpulse:

Welche Charakterzüge der beiden Politiker, die ihnen bei Freund und Feind viel Anerkennung einbrachten, werden aus den Anekdoten ersichtlich? Welchen Eindruck gewinnen Sie dabei?

„Das doppelte Lottchen": Konrad Adenauer in der Karikatur

Historischer Hintergrund:

Die innere Entwicklung der Bundesrepublik vollzog sich rasch. Knapp zwei Jahre nach ihrer Gründung nahm sie den diplomatischen Verkehr mit dem westlichen Ausland (März 1951) auf. Zum ersten Außenminister „ernannte" der Kanzler Adenauer sich selbst, was den Karikaturisten der „Stuttgarter Zeitung" (s. S. 120) zu einem Vergleich mit dem „doppelten Lottchen" anregte. Ein Film mit diesem Titel war damals ein großer Kinoerfolg.

Arbeitsimpulse:

Beschreiben Sie die Karikatur! Versuchen Sie deren Sinn aus den Gesten und der Kleidung der beiden Gestalten zu erschließen!

Das doppelte Lottchen

aus: „Stuttgarter Zeitung“ 1951. in: Lachen streng verboten!, S. 338

Das deutsche „Wirtschaftswunder“

Historischer Hintergrund:

Der rasche wirtschaftliche Aufschwung der Bundesrepublik in den fünfziger Jahren wird mit dem Schlagwort „Wirtschaftswunder“ belegt. Die Ursachen werden vor allem in dem großen Einsatzwillen der Arbeitnehmer nach dem Krieg, in den Rahmenbedingungen der sozialen Marktwirtschaft und in der ausländischen Hilfe, namentlich der USA, gesehen. Der Wirtschaftsminister Ludwig Erhard erwies sich mit seinem Optimismus gegenüber den vielen Skeptikern als der bessere Prophet.

1 *Mit den fünfziger Jahren hielt das Wirtschaftswunder in Deutschland Einzug. Eines der Symbole des deutschen Wiederaufstiegs waren die Kruppwerke und ihr neuer Generalbevollmächtigter, Berthold Beitz. Der „Outsider“ Beitz war sehr erfolgreich, aber nicht immer beliebt. „Stimmt es“, wurde er gefragt, „daß Sie unlängst einen Direktor aufgefordert haben, innerhalb von fünf Minuten das Unternehmen zu verlassen?“ „Da sieht man, wie die Leute übertreiben“, antwortete Beitz. „Ich habe ihm fünfzehn Minuten gegeben.“*

2 *Das Tempo des wirtschaftlichen Wiederaufstiegs war stürmisch. „Warum veranstalten Sie nicht eine Pressekonferenz, wenn Ihre Chemiker und Techniker ein neues Produkt erfunden haben?" wurde der Generaldirektor der Bayer-Werke, Kurt Hansen, von einem Journalisten gefragt. „Möchten Sie jeden Tag auf eine Pressekonferenz gehen?" fragte Hansen zurück.*

3 *Das deutsche Wirtschaftswunder wurde nicht überall mit Begeisterung aufgenommen. „Nach dem ersten Weltkrieg", sagte der Chefredakteur des „Punch", Malcolm Muggeridge, „waren die Engländer auf die Deutschen böse, weil sie Bankrott machten. Nach dem zweiten Weltkrieg sind wir böse auf sie, weil sie reich wurden. Ich bin bis jetzt noch nicht dahintergekommen, wie arm oder wie reich die Deutschen nach einem verlorenen Krieg eigentlich sein dürfen."*

4 *Ähnlich äußerte sich der kanadische Publizist MacGeachy: „Wir sind den Deutschen nicht böse, daß sie durch die Kriegsfolgen gezwungen wurden, sich die modernsten Maschinen anzuschaffen. Man fragt sich nur, ob es nicht eine nette Abwechslung wäre, wenn nach dem nächsten Kriege auch die Sieger die neuen Maschinen bekommen würden."*

Steigende Preisflut

Erhard: „Keine Sorge! Das läuft alles über den Ausguß ab..."

aus: E. M. Lang, So lang die Tusche reicht, o. S.

Arbeitsimpulse:

Welche Merkmale des „Wirtschaftswunders“ werden in den Anekdoten gekennzeichnet? Wie wird das „Wirtschaftswunder“ gelegentlich vom Ausland her gesehen? Welche Meinung vertritt L. Erhard? Welche Meinung scheint der Karikaturist zu vertreten? Wer hat recht behalten?

Deutschland und Frankreich

Historischer Hintergrund:

Die Aussöhnung zwischen den ehemaligen Kriegsgegnern entwickelte sich im Laufe der Jahre in einem solchen Maße, daß die handelnden Politiker – ungeachtet ihrer Parteizugehörigkeit – auf sie bauen konnte. So bestand ein herzliches Verhältnis zwischen den beiden Konservativen de Gaulle und Adenauer oder zwischen dem liberal-konservativen Giscard d'Estaing und dem Sozialdemokraten Helmut Schmidt oder zwischen dem Sozialisten François Mitterrand und dem Christdemokraten Helmut Kohl.

1 *Die deutsch-französische Aussöhnung war die Krönung des Lebenswerkes de Gaulles und seines Freundes Konrad Adenauer. Auf seiner großen Deutschlandreise hatte der General auch München besucht, wo er ebenso begeistert empfangen wurde wie in den anderen deutschen Städten! Nachher erklärte der bayrische Staatsminister Otto Schedl: „Also, die Aussöhnung mit de Franzosen hätt ma g'schafft. Jetzt kämerten de Preißen dran. Aber des wird wohl länger dauern . . .?“*

2 *Die deutsch-französische Freundschaft stieß in der Praxis auf manche Schwierigkeiten. Als der Ministerpräsident von Nordrhein-Westfalen, Franz Meyers, Paris besuchte, klagte er gegenüber dem französischen Staatssekretär, Michel Habib-Deloncle, über seine mangelnden Sprachkenntnisse: „Ihre Sprache ist für mich wie meine Frau. Ich liebe sie, ich verehre sie, aber ich beherrsche sie nicht!“*

3 *Noch schlimmer erging es dem französischen Abgeordneten Auguste Pinton vom Europarat. Vor Journalisten in Bonn sagte er, seine Sprachkenntnisse reichten nicht aus, um „in der Stadt Goethes“ Deutsch zu sprechen. Nachdem man ihn diskret darauf aufmerksam gemacht hatte, daß er offenbar Beethoven mit Goethe oder Bonn mit Frankfurt verwechsle, antwortete Pinton gewandt: „Goethe ist überall in Deutschland zu Hause.“*

4 General de Gaulle war und blieb für seine Verbündeten ein schwieriger Partner. Ein treffendes Urteil im Namen aller Alliierten fällte der Leitartikler des „Chicago American": „Wenn man einen Freund wie de Gaulle hat, braucht man keine Feinde mehr."

Arbeitsimpulse:

Welche Probleme des deutsch-französischen Verhältnisses nach dem 2. Weltkrieg werden in den Anekdoten deutlich? Was läßt sich daraus für andere Probleme schließen (z. B. der deutsch-französischen Partnerschaft)?

Geflügelte Worte von Erhard, Brandt und Strauß

Historischer Hintergrund:

Von den genannten drei Politikern, die jahrzehntelang in der Bundesrepublik maßgebend waren bzw. noch sind, gibt es weniger Anekdoten im klassischen Sinne. Vielmehr sind es einige ihrer Aussprüche, die es verdienen, festgehalten zu werden. Ludwig Erhard: erster Wirtschaftsminister der Bundesrepublik (bis 1963), danach Bundeskanzler (1963–1966) und Bundesvorsitzender der CDU 1966/1967; Willy Brandt: seit 1964 Bundesvorsitzender der SPD, Außenminister und Vizekanzler der Großen Koalition (1966–1969), Bundeskanzler (1969–1974), seit 1976 Vorsitzender der Sozialistischen Internationale, seit 1977 Vorsitzender der Nord-Süd-Kommission; Franz Josef Strauß: Bundesverteidigungsminister (1956–1962), seit 1961 CSU-Vorsitzender, Bundesfinanzminister (1966–1969), seit 1978 bayerischer Ministerpräsident.

1 Ludwig Erhard, der die Nachfolge Konrad Adenauers antrat, war kein Mann der großen Worte und zündenden Rhetorik. Als sein inoffizielles Regierungsprogramm kann das Wort gelten, das er einmal nach dem Abschluß schwieriger Wirtschaftsverhandlungen prägte: „Ein Kompromiß ist die Kunst, einen Kuchen zu teilen, daß jeder überzeugt ist, das größte Stück bekommen zu haben ..."

2 Als Willy Brandt Bundeskanzler wurde, änderte er den Regierungsstil wie Gustav Heinemann als Bundespräsident den Präsidialstil geändert hatte. Für beide galt gleichermaßen, was Brandt in seiner Regierungserklärung sagte:
„Wir haben so wenig Bedarf an blinder Zustimmung, wie unser Volk Bedarf hat an gespreizter Würde und hoheitsvoller Distanz. Wir suchen keine Bewunderer; wir brauchen Menschen, die kritisch mitdenken und mitverantworten ... Wir sind keine Erwählten; wir sind Gewählte."

3 Auch seine Feinde müssen zugeben, daß Strauß schlagfertig ist. Eines Tages brachten Parteifreunde ihm einen Zierkorken, den man in Souvenirläden anbot. Er trug die Straußschen Gesichtszüge, und zwar arg verkitscht. Die CSU-Kollegen meinten, dagegen müsse man vorgehen. Der Minister aber erklärte: „Ach was, besser Korken als Flasche."

4 Als Strauß die Brauerstochter Marianne Zwicknagel aus Rott am Inn geheiratet hatte, wollte ein Journalist wissen, wie er's mit der Gleichberechtigung zu halten gedenke. Strauß: „Im Haus ist meine Frau Regierungschef, ich übernehme das Verteidigungsressort."

Arbeitsimpulse:

Welches Bild der erwähnten Politiker wollen die Anekdoten zeichnen? Welche Verhaltensweisen von Erhard, Brandt und Strauß gaben Anlaß zu diesen Anekdoten?

XII. Die Vereinigten Staaten von Amerika nach 1945

Zeittafel

1945–1953	Präsident Harry S. Truman
1947	Truman-Doktrin
1951	Joseph McCarthys Kampf gegen „unamerikanische Umtriebe“
1953–1961	Präsident Dwight D. Eisenhower
1957	Gesetz zum Schutz des Wahlrechts für Neger
1961–1963	Präsident John F. Kennedy
1963	Attentat auf John F. Kennedy
1963–1968	Präsident Lyndon B. Johnson, verstärktes Engagement der Amerikaner am Vietnam-Krieg
1964	Bürgerrechtsgesetz
1969	Präsident Richard M. Nixon
1973	Watergate-Affäre
1974	Rücktritt Nixons
	Präsident Gerald R. Ford
1977–1981	Präsident James E. Carter
1981	Präsident Ronald Reagan (Wiederwahl 1984)

Nüchterne Einschätzung des mächtigsten Amtes der Welt: Präsident Harry S. Truman

Historischer Hintergrund:

Harry S. Truman, Vizepräsident unter Roosevelt, wurde nach dessen Tod im April 1945 Nachfolger im Präsidentenamt. Seine Wiederwahl 1948 war zumindest für die demokratischen Institute eine Überraschung. Truman führte in der Wirtschafts- und Sozialpolitik das Erbe des New Deal fort.

1 *Harry Truman war im Frühjahr 1945 der Nachfolger des plötzlich verstorbenen Präsidenten Roosevelt geworden. „Ist es nicht schwer, das Erbe eines Mannes anzutreten, der zwölf Jahre Präsident und so berühmt wie Roosevelt war?“ wurde er gefragt. „Natürlich ist es* *schwer", antwortete Harry Truman, „aber ich halte mich an den Rat, den mir Senator Hamilton Lewis gegeben hat. Als ich als junger Senator das erstemal an einer Senatssitzung teilnahm, setzte er sich zu mir und sagte: „In den ersten sechs Wochen werden Sie sich oft fragen, wie Sie hierhergekommen sind. Später fragen Sie dann nur noch, wie die anderen hierhergekommen sind."*

2 Trumans Tochter hatte bei einer väterlichen Assemblée gesungen. Der Beifall war stürmisch. Trotzdem kam sie nach der Gesellschaft zum Vater, um zu hören, ob ihre Stimme wirklich vollendet sei. Papa Truman erwiderte weltklug: „Mein liebes Kind, solange ich mein Amt bekleide, funktionieren deine Stimmbänder vorzüglich." „... und dann?" Miß Truman sah gespannt auf ihren Vater. „Dann wirst du in erster Linie erfahren, wie die Menschen funktionieren."

3 Der scheidende Präsident Harry Truman wurde von Journalisten um eine Bilanz seiner siebenjährigen Amtszeit gebeten: „Ich war kein großer Präsident", antwortete Truman. „Aber ich habe eine wunderbare Zeit mit dem Versuch verbracht, einer zu sein..."

Arbeitsimpulse:

Welche Eigenschaften Trumans werden in diesen Anekdoten erkennbar? Können Sie sich vorstellen, warum Truman beim Durchschnittsamerikaner so beliebt war?

Primat der politischen Führung

Historischer Hintergrund:

Douglas Mac Arthur, amerikanischer General, nahm 1945 im Südwest-Pazifik die japanische Kapitulation entgegen. Seit 1950 war er Oberbefehlshaber im Koreakrieg. Präsident Truman machte in der Auseinandersetzung mit ihm den Vorrang der politischen vor der militärischen Führung deutlich. Als Mac Arthur den Krieg auf China ausdehnen wollte, setzte Truman ihn ab.

1 Der trügerische Friede der Nachkriegsjahre wurde jäh unterbrochen, als im Sommer 1950 aus dem kalten Krieg ein heißer Krieg in Korea wurde. General Mac Arthur, der Oberbefehlshaber im Fernen Osten („Im Krieg gibt es keinen Ersatz für Sieg"), wollte den Feldzug durch einen Angriff auf die in Rotchina liegenden Nachschubbasen der Nordkoreaner beenden. General Omar Bradley, der Vorsitzende der

Vereinigten Stabschefs in Washington, lehnte diesen Plan mit der klassischen Begründung ab: „Nein. Das ist der falsche Krieg am falschen Ort zur falschen Zeit gegen den falschen Feind."

2 *Da General Mac Arthur den koreanischen Krieg weiterhin nach eigenem Gutdünken führen wollte, wurde er schließlich von Präsident Truman abgesetzt. Das war eine mutige Tat, denn der General hatte seit Jahren eine Eigenwilligkeit an die andere gereiht, ohne daß es ein Präsident es gewagt hatte, den Nationalhelden des Zweiten Weltkrieges zu rügen. Nachdem Truman den Entlassungsbefehl unterzeichnet hatte, fragte er die Mitglieder seiner Regierung, ob sie diese Maßnahme billigten. Außenminister Dean Acheson, der die Kabinettssitzung gerne mit sarkastischen Geschichten würzte, antwortete: „Herr Präsident, ich bin mit Ihrem Entschluß einverstanden. Er erinnert mich an den Mann, der eine wunderschöne Tochter hatte, die er ängstlich behütete. Eines Tages kam das Mädchen zu ihm und sagte: ‚Ich bekomme ein Kind.' ‚Gott sei Dank', sagte der Vater, ‚daß es endlich soweit ist. Ich habe ja mein Leben lang gefürchtet, daß so etwas einmal kommen müßte.'"*

Arbeitsimpulse:

Zeigen Sie an den Anekdoten den Primat der Politik auf! Was will der Außenminister Dean Acheson mit seiner Geschichte sagen?

Ein populärer General als Präsident: Dwight D. Eisenhower

Historischer Hintergrund:

Dwight D. Eisenhower, 34. Präsident der USA (1953–1961), wurde 1942 Oberbefehlshaber der US-Truppen in Europa, von 1950–1952 war er NATO-Oberbefehlshaber. Als gemäßigter Republikaner war Eisenhower (Spitzname „Ike") eher ein unpolitischer Mensch, der auch als Präsident nur mittelmäßiges Format hatte. Bekannt war, daß er sich mehr für Golf als für schwierige politische Fragen interessierte. Dies tat seiner Popularität bei seinen Wählern jedoch keinen Abbruch; im Gegenteil, er gab den amerikanischen Bürgern vielfältige Möglichkeiten, sich mit dem Präsidenten zu identifizieren.

1 *In Amerika kandidierte im Jahre 1952 General Eisenhower bei den Präsidentenwahlen und gewann. Das kürzeste Urteil über Eisenhowers Kandidatur und Präsidentschaft stammt vom demokratischen Führer des Repräsentantenhauses, Sam Rayburn: „Geht nicht. Guter Mann. Falscher Job."*

2 Eisenhower war nur widerwillig und nach langem Zögern in die Politik gegangen. Als er 1948 als Vorsitzender der Vereinigten Stabschefs zurückgetreten war, hatte ihn ein Reporter um seine Zukunftspläne gefragt. Eisenhower hatte geantwortet: „Ich werde einen Schaukelstuhl auf die Veranda stellen. Dann werde ich sechs Monate ruhig sitzen. Und dann werde ich ganz langsam zu schaukeln beginnen.“

3 Bald nach seinem Ausscheiden aus dem Militärdienst hatte Eisenhower das Amt des Präsidenten der Columbia-Universität angenommen. In dieser Zeit hielt er, überzeugt von der Notwendigkeit, die Öffentlichkeit zu informieren, viele Vorträge. Einmal sprach Eisenhower vor einem Frauenverein über die Verpflichtung der Vereinigten Staaten, eine starke Armee zu unterhalten, um die Freiheit in der Welt verteidigen zu können. In dem schönen Gefühl, seine Zuhörerinnen begeistert und überzeugt zu haben, erklärte er sich am Schluß bereit, Anfragen zu beantworten. Sofort stand eine Dame auf und meinte: „Herr General, würden Sie uns, bitte, sagen, warum Ihre Frau eine Ponyfrisur trägt?“

4 Präsident Eisenhower verließ sich mehr auf seine Mitarbeiter als andere Präsidenten. Nach dem Rücktritt seines Chefberaters, Sherman Adams, stützte er sich vor allem auf seinen Pressechef, James Hagerty, der Aufgaben erfüllte, die weit über den normalen Rahmen seiner Funktion hinausgingen. Als in Washington bekannt wurde, daß Hagerty an Magengeschwüren leide, spottete der demokratische Senator Robert Kerr: „Um sich über politische Fragen Sorgen machen zu können, muß man wissen, was los ist. Das ist der Grund, warum Hagerty Magengeschwüre hat und Eisenhower keine.“

5 Eisenhower nahm die Kritik an seiner Amtsführung gelassen hin, weil er wußte, daß sie seiner unerhörten Popularität keinen Abbruch tun konnte. Bei einem Abendessen zu seinen Ehren hörte er lachend zu, wie der als Spaßmacher engagierte Komiker Bob Hope in seiner Tischrede sagte: „Wenn Präsident Eisenhower eine Auslandsreise antritt, hat er es leicht. Er fährt auf den Flugplatz und sagt zum Piloten: ‚Irgendwohin... Schwierigkeiten haben wir überall!‘“

Arbeitsimpulse:

Was erfährt man aus den Anekdoten über Eisenhower (die Art seiner Amtsführung, seine Interessen, seine Eigenschaften)? Welche Vorstellungen des Durchschnittsamerikaners über einen „guten Präsidenten“ lassen sich aus den Anekdoten ableiten?

Gegen „unamerikanische Umtriebe“: McCarthy

Historischer Hintergrund:

Joseph R. McCarthy erlangte Berühmtheit als Vorsitzender des Senatsausschusses zur Untersuchung „unamerikanischer Umtriebe“. Seine geradezu krankhafte Suche nach Kommunisten in Verwaltung und im öffentlichen Leben der USA schoß weit über das Ziel hinaus. Sie ist vor dem Hintergrund des Kalten Krieges entstanden.

Die Ära Eisenhower sah Aufstieg und Fall des Kommunistenjägers Senator Joe McCarthy. Einer der wenigen, der es wagte, dem Senator bei seinen „Hexenverbrennungen“ entgegenzutreten, war der Unterstaatssekretär im Außenministerium, Robert Murphy. Bei einem Hearing im Senatskomitee griff McCarthy Dag Hammarskjöld, den Generalsekretär der Vereinten Nationen, wegen seiner Reise nach Rotchina an. „Hammarskjöld sitzt in Peking und trinkt Tee mit Tschu En-lai“, zeterte er. „Warum, frage ich mich? Warum?“ Murphy, der als Zeuge vor dem Komitee erschienen war, erwiderte: „Weil es bei Tschu En-lai leider keinen Whisky gibt.“

Arbeitsimpulse:

Was wird hier über die Atmosphäre der „Untersuchungen“ deutlich?

Humor, Geist und Geld in der Politik: John F. Kennedy

Historischer Hintergrund:

John F. Kennedy, 35. Präsident der USA (1961–1963), gewann bei der Jugend und den Intellektuellen durch seinen Appell, die Herausforderungen der modernen Welt anzunehmen, große Sympathien. Im Unterschied zu vielen Politikern Europas stach Kennedy durch seine stete Schlagfertigkeit hervor, wobei er oft durch geistreiche Selbstironie schwierige Situationen meistern konnte.

1 *Amerika wählte im Jahre 1960 zum ersten Male in seiner Geschichte einen Katholiken zum Präsidenten. John F. Kennedy wurde aber nicht nur wegen seiner Religion, sondern auch wegen seiner Jugend der Weg zum Präsidentenamt nicht leicht gemacht. Als er zum ersten Male bekanntgab, daß er die Kandidatur anstrebe, war er knapp vierzig Jahre alt. Sofort erzählte man in Washington folgende Geschichte: Der alte Kennedy läßt sich seinen Sohn kommen und fragt ihn:*

„Was möchtest du werden?" Der Sohn antwortet: „Ich möchte Präsident werden, Papa!" „Das weiß ich", sagt der Vater, „das weiß ich. Aber was möchtest du werden, wenn du erwachsen bist?"

2 *Einer der einflußreichsten Männer der Demokratischen Partei und ein Favorit für die Präsidentschaftskandidatur war der Führer der Senatsfraktion, Lyndon Johnson. Über ihn und Kennedy erzählte man eine schöne Geschichte: Senator Symington, ein weiterer Anwärter auf das Präsidentenamt, Kennedy und Johnson sprachen über Träume. „Ich habe gestern nacht geträumt", erzählt Kennedy, „daß mir der liebe Gott gesagt hat, ich werde der Präsidentschaftskandidat der Demokraten werden und gewinnen." „Komisch", sagt Symington, „ich habe gestern nacht genau das gleiche geträumt." „Das allerkomischste ist", erklärt Johnson, „daß ich mich nicht erinnern kann, mit einem von euch beiden gestern nacht gesprochen zu haben."*

3 *Neben Religion und Jugend war der Reichtum der Kennedys eine Zielscheibe der Kritik. Vor allem Senator Humphrey, der bei den ersten Vorwahlen als Anwalt der kleinen Leute auftrat, beschuldigte Kennedy mehr oder minder offen, daß er mit dem Geld seiner Familie Stimmen kaufte. Kennedy beschloß, auf diese versteckten Angriffe zu antworten. Auf einer Versammlung in Manhattan erklärte er: „Ich habe soeben ein Telegramm von meinem Vater erhalten. Es lautet: ‚Lieber John. Kaufe nicht eine Stimme mehr als nötig. Ich denke nicht daran, einen Erdrutsch zu finanzieren!'"*

4 *John F. Kennedy war, als er seine Präsidentschaftskampagne begann, den amerikanischen Fernsehteilnehmern weniger bekannt als sein Bruder Robert Kennedy, der als Rechtsberater des Senatskomitees, das die Umtriebe des Gewerkschaftsbosses Jimmy Hoffa untersucht hatte, ein politischer Fernsehstar geworden war. Dazu kam, daß die beiden Brüder eine gewisse Familienähnlichkeit aufwiesen und leicht zu verwechseln waren. Als John F. Kennedy im Sommer 1960 von Boston nach Washington flog, sagte eine alte Dame, die neben ihm saß: „Fürchten Sie nicht, daß diese Gewerkschaftsgangster Ihren Kindern etwas antun könnten?" „Das bin nicht ich", antwortete John F. Kennedy, „das ist mein Bruder." Die Dame schwieg verlegen, und als das Flugzeug zur Landung ansetzte, wollte sie sichtlich etwas Freundliches sagen: „Auf Wiedersehen. Ich hoffe, Ihr Bruder wird Präsident!" „Das", seufzte John F. Kennedy, „ist nicht mein Bruder, das bin ich!"*

5 *John F. Kennedy wurde schon bei den Vorwahlen von seiner großen Familie, von Brüdern, Schwestern, Schwägern und Schwägerinnen, unterstützt. In West-Virginia war Kennedy nach einigen Tagen so heiser, daß er an seiner Stelle seinen 28jährigen Bruder Ted sprechen* *lassen mußte. Ted Kennedy hielt eine blendende Rede, und die Zuhörer klatschten begeistert. Schließlich griff John F. Kennedy zum Mikrophon und krächzte mit heiserer Stimme: „Liebe Freunde! Ich muß euch und meinen Bruder Ted auf eines aufmerksam machen: Unsere Verfassung schreibt vor, daß man erst mit fünfunddreißig Jahren zum Präsidenten gewählt werden kann!"*

6 Außer bei den berühmten Fernsehdebatten trafen die beiden Kandidaten Kennedy und Nixon während des Wahlkampfes auch bei einem Bankett zusammen, das Kardinal Spellman gegeben hatte. Kennedy hielt eine sehr witzige Tischrede, in der er unter anderem sagte: „Präsident Truman hat erklärt, alle Wähler, die für den republikanischen Kandidaten stimmen, sollten zum Teufel gehen. Ich habe daraufhin Mister Truman folgendes Telegramm geschickt: ‚Lieber Herr Präsident! Ich verstehe die Gefühle, die Sie bewegen, muß Sie aber bitten, sich an die Abmachung zu halten und religiöse Fragen im Wahlkampf nicht anzuschneiden...'"

7 Kennedy hatte mit seinem Vorgänger Eisenhower nur eines gemeinsam: Rückschläge vermochten seiner Beliebtheit keinen Abbruch zu tun. So ging in Amerika bald nach seinem Amtsantritt ein bissiges Sprüchlein um, das seine Popularität eher mehrte als minderte: „Roosevelt bewies, daß jeder Präsident werden kann. Eisenhower bewies, daß wir keinen Präsidenten brauchen. Und Kennedy beweist, wie gefährlich es ist, einen Präsidenten zu haben."

8 Kennedy hatte nicht nur seinen Bruder Robert zum Justizminister, sondern auch seinen Schwager Sargent Shriver zum Leiter des neugeschaffenen „Friedenskorps" ernannt. „Fürchten Sie nicht den Vorwurf des Nepotismus?" fragte man den Präsidentenschwager. „Im Gegenteil", antwortete Shriver. „Alle Leute in Washington prophezeien, das Friedenskorps werde eine große Pleite. Der Präsident hat gesagt, daß es in einem solchen Fall leichter ist, einen Verwandten hinauszuwerfen als einen Fremden."

9 Kurz nach seinem Amtsantritt traf Kennedy in Wien mit Chruschtschow zusammen. Bei dem Gespräch in der amerikanischen Botschaft fragte der Präsident den Ministerpräsidenten, welche Medaille er am Rockaufschlag trage. „Das ist der Lenin-Friedenspreis", antwortete Chruschtschow. „Ich hoffe, Sie behalten ihn", sagte Kennedy darauf.

Arbeitsimpulse:

Zeigen Sie anhand der Anekdoten, welche Faktoren für Kennedy als Persönlichkeit und Politiker bestimmend waren?

Texanischer Humor im Weißen Haus: Lyndon B. Johnson

Historischer Hintergrund:

Lyndon Baines Johnson (LBJ), Vizepräsident von 1961–1963, wurde durch Kennedys Ermordung der 36. Präsident der USA. Nachdem er 1964 mit großer Mehrheit wiedergewählt worden war, setzte er die Sozial- und Bürgerrechtspolitik seines Vorgängers fort. Unter seiner Regierung wuchs das Engagement der USA im Vietnamkrieg. Zunehmende innen- und außenpolitische Schwierigkeiten ließen ihn 1968 auf eine erneute Präsidentschaftskandidatur verzichten.

1 *Lyndon Johnson gilt als ein Mann, der auch in schwierigen Situationen nüchtern urteilt. Als er in den fünfziger Jahren mit einem lebensgefährlichen Herzinfarkt auf dem Krankenbett lag, fiel ihm ein, daß er bei seinem Schneider einen grauen und einen schwarzen Anzug in Auftrag gegeben hatte. „Sag, bitte, dem Schneider", erklärte Johnson seiner Frau, „er soll an dem grauen Anzug nicht weiterarbeiten und nur den schwarzen fertig machen. Den werde ich so oder so brauchen können."*

2 *„LBJ", der seine Initialen nicht nur in den Namen seiner Töchter und seines Hundes verewigt hat, sondern auch auf seiner Hausfahne, auf Manschettenknöpfen, Krawattenhaltern und anderen Gebrauchsgegenständen, galt als eitel. In dieser Hinsicht ähnelte ihm der republikanische Senatsführer, Everett Dirksen. Johnson hatte bereits als demokratischer Senatsführer einen Telefonapparat in seinem Dienstwagen. Nach langem Drängen hatte Minderheitsführer Dirksen durchgesetzt, daß auch ihm ein Telefon im Dienstauto installiert wurde. Bereits am ersten Tag, so erzählte man in Washington, rief Dirksen vom Auto aus seinen Freund Johnson, der ebenfalls zur Senatssitzung fuhr, an: „Hallo, Lyndon. Hier ist Everett. Ich spreche von meinem Auto aus mit meinem neuen Telefon." Zur großen Enttäuschung Dirksens antwortete Johnson: „Bitte, einen Augenblick, Everett. Mein anderer Apparat läutet..."*

3 *Auch Präsident Johnson liebte es, zur Unterstreichung seiner Ansichten Geschichten aus seiner texanischen Heimat zu erzählen. Als ihm ein Experte umständlich erklärte, warum ein Wunsch des Präsidenten nicht zu verwirklichen sei, sagte Johnson: „Bei uns in Blanco County wurde einmal ein Betrunkener von einem Fremden nach dem Weg zum Rathaus gefragt. ‚Da fahren Sie die Straße hinunter und dann links über die Brücke, nein... Sie fahren besser da über den Hügel* *und dann durch den Hohlweg, nein, das ist auch nicht gut...' Und nachdem der Betrunkene es noch ein paarmal versucht hatte, sagte er schließlich: ‚Wissen Sie was? Von hier können Sie überhaupt nicht zum Rathaus kommen!'"*

Arbeitsimpulse:

Was haben die Beispiele in den Anekdoten gemeinsam? Wie unterscheiden sie sich von den Anekdoten über Kennedy? Welche Meinung hatte der Karikaturist über LBJ (beachten Sie Details: Manschettenknöpfe, Augenaufschlag, Körperhaltung etc.)?

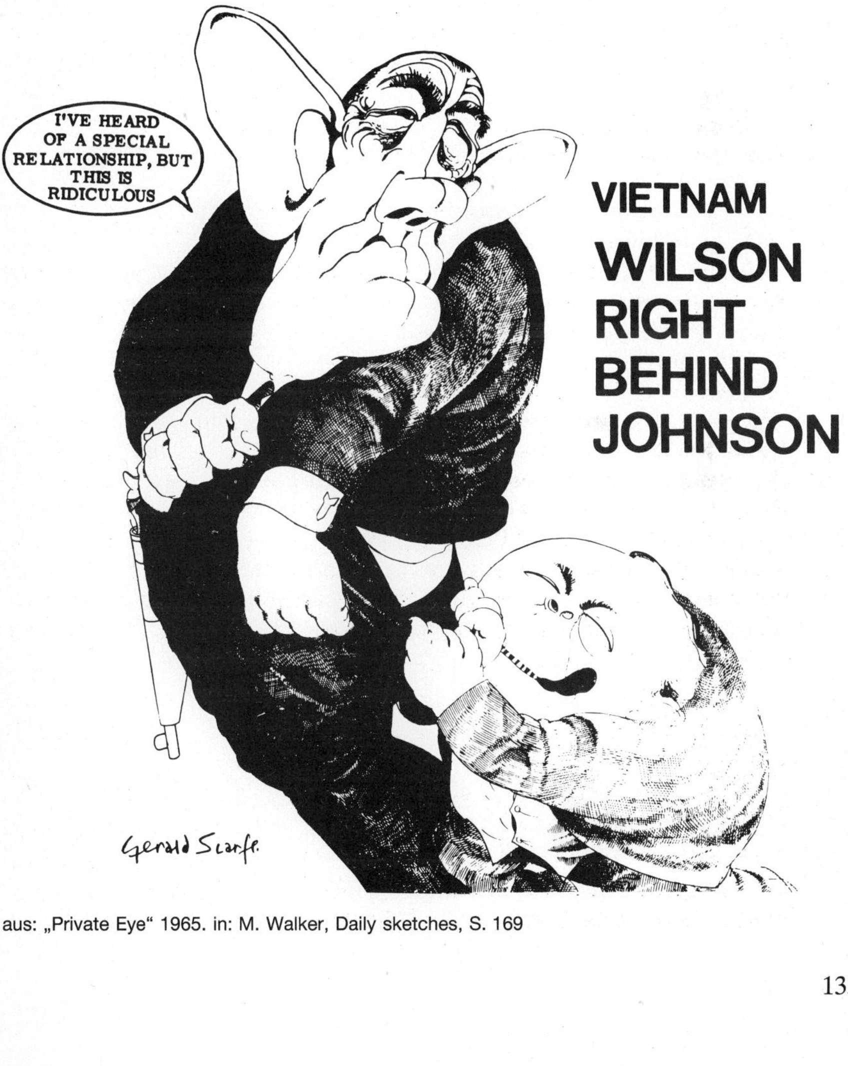

aus: „Private Eye" 1965. in: M. Walker, Daily sketches, S. 169

Ein umstrittener Kandidat: Barry Goldwater

Historischer Hintergrund:

Barry M. Goldwater, Republikaner des äußersten rechten Flügels, versuchte 1964 erfolglos, Präsident zu werden (gegen Johnson). Er galt als Vertreter der Interessen des weißen Mittelstandes.

1 Nachdem im Jahre 1960 zum ersten Male ein Katholik Präsident der Vereinigten Staaten geworden war, bewarb sich 1964 mit Barry Goldwater zum ersten Male ein Kandidat jüdischer Herkunft um die Präsidentschaft. Als Goldwater vor Jahren in einem exklusiven Washingtoner Golfklub eintreten wollte, wurde das Ansuchen offensichtlich wegen seiner Abstammung abgelehnt. Goldwater schrieb daraufhin zurück: „Vielleicht können Sie mich aufnehmen, wenn ich statt der üblichen achtzehn Löcher nur neun spiele. Ich bin nämlich nur Halbjude."

2 Goldwater hatte seine Kandidatur gegen schwere Widerstände in seiner eigenen Partei erkämpfen müssen. Vor allem die Gruppe der Republikaner um Eisenhower lehnte ihn als Extremisten ab und hatte überdies nicht vergessen, was Goldwater im Jahre 1960 gesagt hatte. Als man den Senator damals gefragt hatte, was er von einer Kandidatur Milton Eisenhowers, des Bruders des Präsidenten, halte, hatte Goldwater geantwortet: „Nein, danke. Ein Eisenhower pro Generation ist genug."

3 Goldwaters unüberlegte Äußerungen brachten ihn von einer Schwierigkeit in die andere. Er verteidigte sich damit, daß ihn die Zeitungen falsch zitierten. „Ich will nicht sagen, daß die Journalisten Falsches schreiben", erklärte Goldwater, „aber manchmal frage ich mich, was aus dem Christentum geworden wäre, wenn Matthäus, Markus, Lukas und Johannes so berichtet hätten." „Der Vergleich ist unpassend", antwortete darauf im Namen aller Journalisten Walter Lippman. „Senator Goldwater vergißt, daß die vier Evangelisten über eine bedeutend interessantere Persönlichkeit zu berichten hatten."

Arbeitsimpulse:

Was macht die erste Anekdote deutlich? Können Sie an den Beispielen der Anekdoten zeigen, warum Goldwater ein umstrittener und – gemessen an seinem Hauptziel – erfolgloser Politiker war?

Der Watergate-Skandal

Historischer Hintergrund:

Im Sommer 1972 wurde im demokratischen Wahlkampfhauptquartier in den Watergate-Appartements eingebrochen. Als dem amtierenden Präsidenten Richard Nixon Verbindungen nachgewiesen werden konnten, führte dies zu einem Impeachment-Verfahren gegen ihn. Da Nixon mit seiner Amtsenthebung rechnen mußte, trat er im August 1974 zurück.

Arbeitsimpulse:

Welcher Vorgang wird auf der Karikatur beschrieben? Warum wird die Lage für den „Goldwäscher Nixon" immer aussichtsloser?

Digger Nixon

aus: E. M. Lang, So lang die Tusche reicht, o. S.

»... Gooold!«

Automation

Historischer Hintergrund:

Auf dem Gebiet der weitgehend bedienungsfreien Arbeitssysteme ging die amerikanische Entwicklung der europäischen voraus. Strukturprobleme, die wir aus unseren Tagen kennen, zeichneten sich in den USA schon in den 60er und 70er Jahren ab.

1 *Die wirtschaftlichen Schwierigkeiten, mit denen Kennedy und seine Regierung zu kämpfen hatten, gingen vor allem auf die fortschreitende Automation zurück. Einerseits verloren viele Menschen ihre Arbeitsplätze, andererseits wurden Spezialisten auf einigen Gebieten dringend gesucht. „Das Problem der Automation", erklärte ein Wirtschaftsberater des Präsidenten, „besteht darin, daß man Leute ohne Beruf für Berufe ohne Leute umschulen muß."*

2 *Ein Automobilindustrieller führte den Vorsitzenden der amerikanischen Automobilarbeitergewerkschaft, Walter Reuther, durch eine vollautomatisierte Werkshalle. Er zeigte auf die lange Reihe selbsttätig arbeitender Maschinen und sagte: „Mister Reuther, von diesen Burschen werden Sie keine Gewerkschaftsbeiträge kassieren können!" „Das stimmt", antwortete Reuther, „aber Sie werden ihnen auch keine Autos verkaufen können!"*

Arbeitsimpulse:

Welche menschlichen Probleme entstehen nach diesen Anekdoten durch die Automation? Inwieweit sind sie in Europa ähnlich oder gleich?

Ansichten zum 20. Jahrhundert: Martin Luther King, Albert Einstein, Edward Teller

Historischer Hintergrund:

Martin Luther King, amerikanischer Bürgerrechtler und Baptistenpfarrer, erhielt 1964 den Friedensnobelpreis. Vier Jahre später fiel er einem Mordanschlag zum Opfer. Albert Einstein, deutscher Physiker, 1933 in die USA emigriert, entwickelte seit 1905 die Relativitätstheorie und erhielt 1921 den

Nobelpreis für Physik. Edward Teller, ungarischer Physiker, mußte 1933 Deutschland verlassen. Er war maßgeblich an der Entwicklung der Atom- und der Wasserstoffbombe beteiligt.

1 *Das alles überschattende Ereignis des Jahres 1964 war in den Vereinigten Staaten der Kampf der farbigen Bevölkerung um die Gleichberechtigung. „Was wollen die Neger eigentlich?" wurde einer der Anführer dieses Kampfes, der Negerpastor Martin Luther King, gefragt. „Was die Neger wollen", antwortete Pastor King, „läßt sich in drei Worten zusammenfassen: ‚Alles', ‚jetzt' und ‚hier'!"*

2 *Es scheint, als habe Albert Einstein recht gehabt, als er kurz vor seinem Tode in einer Rückschau auf dieses Jahrhundert erklärt hatte: „Welch triste Epoche, in der es leichter ist, ein Atom zu zertrümmern als ein Vorurteil."*

3 *Recht hatte aber auch der Vater der Wasserstoffbombe, Edward Teller, als er in einer Diskussion über die Zukunft sagte: „Der Unterschied zwischen einem Optimisten und einem Pessimisten besteht heute darin, daß der Optimist glaubt, die Zukunft sei ungewiß...!"*

Arbeitsimpulse:

Versuchen Sie die Aussagen der drei Prominenten mit eigenen Worten wiederzugeben und nehmen Sie dazu Stellung!

Der Präsident für den „kleinen Mann": Jimmy Carter

Historischer Hintergrund:

James Earl Carter (Jimmy), 39. Präsident der USA, konnte bei der Präsidentenwahl 1976 Gerald Ford knapp schlagen. Nach seiner ersten Amtszeit unterlag er dem Republikaner Ronald Reagan klar. Die Anspielung in der Satire bezieht sich auf eine bekannte Rede Lincolns in der es heißt: „...government of the people, by the people, for the people". In der „National Review" vom 18. 8. 1978 hieß es:

> *„Präsident Carter versprach bei seiner Wahl, stets ‚eins zu sein' mit dem ‚kleinen Mann' (little people). Es besteht kein Zweifel daran, daß er dieses Ziel weiterhin verfolgt. So begann er, uns eine Regierung des kleinen Mannes, durch den kleinen Mann, für den kleinen Mann zu geben."*

Arbeitsimpulse:

Versuchen Sie zu erläutern, worin die Satire liegt? (Achten Sie darauf, daß „little" mehrdeutig sein kann und daß „people" = Volk, „little people" = der kleine Mann heißt.)

Humor als Flucht nach vorne: Ronald Reagan

Historischer Hintergrund:

Ronald Reagan, 40. Präsident der USA seit 1981, wurde 1984 mit gewaltiger Mehrheit wiedergewählt, obwohl er inzwischen 73 Jahre alt geworden war. Er spielte bewußt bei vielen Gelegenheiten auf sein Alter an, um möglicher Kritik zuvorzukommen. Drei Beispiele:

1 *„Ich weiß, daß Ihre Organisation 1919 von sechs Washingtoner Journalisten gegründet worden ist", führte der Präsident vor dem Washingtoner Presseclub aus. Nach einer bewußt gesetzten Pause fügte er hinzu: „Es kommt mir vor, als sei es erst gestern gewesen" (er war 1919 acht Jahre alt).*

2 *In einer Rede in Atlanta begrüßte Ronald Reagan die versammelten Rechtsanwälte mit den Worten: „Ich teile mit Ihnen die Ehre, den 105. Jahrestag der Gründung der Anwaltskammer feiern zu dürfen." Es folgte die sogenannte „Präsidentenpause". Dann fuhr er fort: „Es ist natürlich ein Gerücht, daß ich schon bei der Gründungssitzung anwesend war." („Time" vom 15. 8. 1983.)*

3 *Bei der 2. Fernsehdebatte mit dem demokratischen Präsidentschaftskandidaten Walter (Fritz) Mondale bestand aus bestimmten Gründen die Gefahr, daß Reagans hohes Alter direkt oder indirekt thematisiert werden könnte. Reagan beugte dem vor, indem er einwarf: „Ich wende mich dagegen, die Jugend und politische Unerfahrenheit meines Herausforderers zum Gegenstand der Debatte zu machen."*

Arbeitsimpulse:

Warum benutzt Ronald Reagan die Methode der Selbstironie? Welche Wirkung glaubt er damit bei seinen Wählern erreichen zu können? (Ein amerikanischer Journalist der Gegenwart schrieb über seine Landsleute: „Was auch immer der Amerikaner über sich selbst denken mag, er ist auf jeden Fall davon überzeugt, Humor zu haben.")

XIII. England nach 1945

Zeittafel

1940–1945	Winston Churchill Premierminister, große Koalition
1945–1951	Labour-Regierung unter Attlee, Wohlfahrts-Politik
1951–1964	Konservative Ära
1951–1955	Kabinett Winston Churchill
1952	Elisabeth II. Königin
1955–1957	Kabinett Anthony Eden
1957–1963	Kabinett Harold Macmillan
1963/64	Lord Home Premierminister
1964–1970	Labour-Regierung unter Harold Wilson
1970	Edward Heath Premierminister
1973	EG-Beitritt
1974	Labour-Regierung (ab '76 James Callaghan)
seit 1979	Konservative Regierung unter Margaret Thatcher (1. weiblicher Premier)

Churchills Spott – über sich und andere

Historischer Hintergrund:

Sir Winston Churchill, seit 1900 zuerst konservativer Unterhausabgeordneter, 1904 Übertritt zu den Liberalen, später wieder Rückkehr zu den Konservativen. Während des Krieges (von 1940–1945) Premier- und Verteidigungsminister einer großen Koalition; 1945 abgewählt, von 1951–1955 erneut Premierminister. Von seinen vielen Talenten besonders durch seine rhetorischen Fähigkeiten berühmt.

1 ***In den allerletzten Kriegstagen wurde Premierminister Winston Churchill im Unterhaus gefragt, ob die britische Regierung Vorsorge getroffen habe, daß sich die nach dem Ersten Weltkrieg begangenen Fehler nicht wiederholten. „Ich bin ganz sicher", antwortete Churchill, „daß wir die alten Fehler nicht wiederholen werden. Wir werden aber aller Voraussicht nach eine Menge ganz neuer Fehler machen..."***

2 *Mitten während der Potsdamer Konferenz im Sommer 1945 wurde Winston Churchill durch den Entscheid der Wähler als Premierminister abberufen. „Wer weiß“, tröstete ihn seine Gattin Clementine, „vielleicht ist es ein verkapptes Glück.“ „Wenn es ein verkapptes Glück ist“, antwortete Churchill, „dann muß ich sagen, daß es verdammt wirksam verkappt ist!“*

3 *General de Gaulle hatte Winston Churchill nach Paris gebeten, um ihm die Befreiungsmedaille, die höchste Auszeichnung Frankreichs, zu verleihen. Churchill begann seine Dankesansprache mit den Worten: „Ich werde heute englisch sprechen. Ich habe zwar schon häufig Reden auf französisch gehalten, aber das war im Krieg, und ich möchte Sie nicht den schweren Prüfungen vergangener Tage aussetzen.“*

4 *Churchills Französisch war einigermaßen eigenwillig. Einmal erschien er auf einem Empfang in der Uniform eines „Elder Brother of Trinity House“. „Was ist das für eine Uniform?“ fragte der französische Botschafter de Fleauriau. „Ich bin ein älterer Bruder der Dreifaltigkeit“, antwortete Churchill in französischer Sprache. „Mein Gott“, rief der französische Botschafter, „welch eine wunderbare Verwandtschaft!“*

5 *Kriegsminister im Labour-Kabinett wurde Emanuel Shinwell, der in der Koalitionsregierung der Kriegszeit Minister für die Brennstoffversorgung gewesen war. „Jetzt gibt es wenigstens keinen Krieg“, sagte Winston Churchill, als er von der Ernennung hörte. „Wieso?“ fragte man. „Wie Shinwell Brennstoffminister war, hat es auch nie Brennstoff gegeben“, antwortete Churchill.*

6 *In England gewannen die Konservativen im Jahre 1951 die Wahlen, und Winston Churchill wurde zum ersten Male in Friedenszeiten Premierminister. Wenige Tage danach hielt er beim traditionellen Bankett des Londoner Lord Mayors in der nach den Kriegszerstörungen wiederhergestellten Guild Hall die Ansprache und sagte: „Obwohl ich in den letzten Jahren oft bei den berühmten Guild-Hall-Banketten war, um den neuen Bürgermeister zu begrüßen, ist dies doch das erstemal, daß ich zu dieser Versammlung als Premierminister spreche. Als ich im Jahre 1940 als Ministerpräsident hätte hierherkommen sollen, wurde die Guild Hall gerade in die Luft gejagt, und bevor sie repariert wurde, wurde ich selbst an die Luft gesetzt. Ich hielt beide Vorfälle für Katastrophen!“*

7 *Winston Churchill war, als er die Regierungsgeschäfte übernahm, sechsundsiebzig Jahre alt. Daß Anthony Eden sein Kronprinz war, stand fest, doch dachte Churchill zunächst nicht daran, sein Amt niederzulegen. „Wenn ich Anthony necken will“, pflegte er zu sagen, „erinnere ich ihn daran, daß Gladstone vierundachtzig Jahre alt war, als er seine letzte Regierung bildete.“*

Arbeitsimpulse:

Auf welche „Fehler“ der englischen Regierung spielt Churchill in der ersten Anekdote an? Welche Einstellungen und Eigenschaften Churchills vermitteln diese Anekdoten? Ordnen Sie – soweit dies möglich ist – die einzelnen Anekdoten der jeweiligen historischen Situation zu!

Was ist „Demokratie“?

Historischer Hintergrund:

Die nachstehende – inzwischen klassisch gewordene Definition von Demokratie gab Winston Churchill als Oppositionsführer im November 1947 im britischen Unterhaus. Über seinen Nachfolger als Premierminister soll er gesagt haben, er sei ein „Schaf im Schafspelz“. In der Tat war der Labourpolitiker Clement Attlee so bescheiden, daß man nach seinem Amtsantritt als Premierminister erzählte: „Ein leeres Auto fährt vor dem Haus Downing Street 10 vor. Wer steigt aus? Clement Attlee.“

1 *„Mancherlei Regierungsformen sind in diesem Jammertal schon ausprobiert worden und werden in Zukunft noch ausprobiert werden. Kein Mensch behauptet, Demokratie sei der Weisheit letzter Schluß. Ja, man hat von ihr gesagt, sie sei die schlechteste Regierungsform überhaupt – mit Ausnahme aller anderen, mit denen man es von Zeit zu Zeit versucht hat“ (Churchill).*

2 *In Wirklichkeit war Attlee bei aller Bescheidenheit und Zurückhaltung ein erfahrener und entschlossener Politiker. „Demokratie“, definierte er, „bedeutet Regieren durch Diskussion. Dieses Prinzip funktioniert aber nur, wenn man die anderen vom Reden abhält!“*

Arbeitsimpulse:

Diskutieren Sie die Definitionen! Nehmen Sie Stellung dazu, inwieweit sie zutreffend sind!

Premierminister Macmillan über sich und die Opposition

Historischer Hintergrund:

Harold Macmillan („Supermac"), britischer Konservativer. Seit 1924 mit kurzen Unterbrechungen Abgeordneter im britischen Unterhaus. 1955 Außenminister, 1955–1957 Schatzkanzler, 1957–1963 Premierminister. Leitete nach seinem Rücktritt das Verlagshaus Macmillan Publishers Ltd. in London.

1 *„Fish and chips" – gebratene Fische und Kartoffelscheiben – sind ein beliebtes, aber sehr bescheidenes Nahrungsmittel der einfachen Leute in England. Als die Labour Party die Regierung übernahm, führte der neue Schatzkanzler, Sir Stafford Cripps, die Wirtschaftspolitik der „austerity" ein, die durch strenge Rationalisierung, Sparsamkeit und Enthaltsamkeit auf allen Linien gekennzeichnet war. „Die Wirtschaftspolitik der Labour-Regierung", sagte der konservative Abgeordnete Harold Macmillan, „läßt sich mit zwei Worten charakterisieren: Fish and Cripps."*

2 *Während die Labour-Regierung unter ihrem Wohnbauminister Aneurin Bevan nur zweihunderttausend Wohnungen im Jahr gebaut hatte, hatten die Konservativen im Wahlkampf versprochen, sie würden dreihunderttausend Wohnungen jährlich bauen. Ein Jahr nach der Wahl konnte der Wohnbauminister der neuen konservativen Regierung, Harold Macmillan, verkünden, daß dieses Versprechen gehalten worden sei. Als er sich im Unterhaus über diesen Erfolg in einer langen Rede verbreitete, rief ihm Bevan zu: „Ach was, dreihunderttausend Wohnungen im Jahr bauen kann schließlich jeder Narr." Überlegen lächelnd erwiderte Macmillan: „Ich kenne einen Narren, der es nicht konnte."*

3 *Der Premierminister sprach in einem Studentenklub der Universität Oxford und wurde gebeten, eine Definition des Begriffs Konservativer zu geben. „Eine Herde von Schweinen", sagte Macmillan, „lagerte auf einem Hügel am Rande eines Sees. Da kam ein Gewitter mit Donner und Blitz. Von Angst gejagt, rannten die Schweine den Hügel hinab, stürzten in den See und alle ertranken. Nur ein Schwein blieb auf dem Hügel liegen. Das war ein Konservativer!"*

4 *Macmillans zahlreiche Auslandsbesuche stießen auf Kritik. „Ich reise gerne", antwortete der Premierminister den Kritikern. „Zu Hause ist man nur Politiker. Im Ausland ist man Staatsmann."*

Arbeitsimpulse:

Warum kam Macmillans Humor bei den Engländern so gut an?

Geistreiche Minister in Macmillans Kabinett: Lord Home und Richard Austen Butler

Historischer Hintergrund:

Lord Douglas Home (Aussprache: hju:m) entstammte einer alten schottischen Adelsfamilie. Nachdem er überraschend von Macmillan zum Außenminister ernannt worden war, erwarb er sich rasch Ansehen durch seine Sachkompetenz und sein diplomatisches Auftreten. Richard Austen Butler war seit 1941 Mitglied konservativer Kabinette, u. a. 1951–1955 als Schatzkanzler, 1957–1962 als Innenminister, 1963–1964 als Außenminister.

1 *Die bemerkenswerteste Ernennung, die Macmillan vornahm, war die Berufung des weitgehend unbekannten Lord Douglas Home zum Außenminister. Wohl schrieb eine englische Zeitung, seit „Caligula sein Lieblingspferd zum Konsul machte, hat es keine so ungeheuerliche Ämterbetrauung gegeben", doch stellte sich bald heraus, daß der neue Außenminister ein Mann von Intelligenz, Charakterstärke und Witz war. So lehnte er die sogenannte Reisediplomatie ab und scheute sich damit nicht, in Gegensatz zu seinem Regierungschef zu treten. „Es ist sinnlos, hochbezahlte Botschafter in alle Hauptstädte der Welt zu schicken und dann selbst herumzureisen", erklärte Home. „Man kauft sich ja auch keinen Kanarienvogel und singt dann selbst."*

2 *Als in der Hauptstadt seiner schottischen Heimat, Edinburgh, der Kongreß der Europäischen Vereinigung der Buchhalter abgehalten wurde, hielt Lord Home die Begrüßungsansprache. „Der Unterschied zwischen einem Buchhalter und einem Politiker", teilte er den Delegierten mit, „besteht darin, daß es für einen Buchhalter ein Verbrechen ist, etwas zu vertuschen, für einen Politiker dagegen eine Kunst."*

3 *Das Kabinett Macmillan war reich an witzigen Leuten. „Rab" Butler, der als sicherer Nachfolger Edens gegolten hatte und nach der Berufung Macmillans erklärte: „Es ist immerhin etwas, einmal fast Premierminister von England gewesen zu sein", wurde Innenminister. Bei der Übernahme seines neuen Ressorts wurde er gefragt, ob er nicht auch der Ansicht sei, daß die englische Beamtenschaft die beste der Welt sei. „Gewiß", antwortete Butler, „aber es geht einem mit ihr wie mit einem Rolls-Royce. Man weiß, daß er das beste Auto der Welt ist, aber man weiß nicht recht, was man damit anfangen soll."*

Arbeitsimpulse:

Würden Sie die Ansichten der britischen Politiker auch für deutsche Verhältnisse gelten lassen? Begründen Sie ihre Haltung!

Churchills Kleider – für andere zu groß

Historischer Hintergrund:

Churchill blieb auch im Greisenalter noch im Amt, obwohl seine Gesundheit sehr nachließ, und er in Kabinettssitzungen gelegentlich einnickte. Seine potentiellen Nachfolger – auf der Karikatur erkennt man u. a. Eden und Macmillan – versuchen ihn vergeblich zum Rücktritt zu bewegen, d. h. bildlich gesprochen probieren sie inzwischen seine Kleider an, die ihnen aber nicht passen. Das Motto des Hosenbandordens, den Churchill trägt, heißt im Original: „Honi soit qui mal y pense“ (Ein Schuft, wer Böses dabei denkt).

Now, Sir Winston, remember the motto of the Knights of the Garter—evil to those who evil think!'

aus: „Daily worker, 1953. in: M. Walther, Daily sketches, S. 156

Arbeitsimpulse:

Beschreiben Sie die dargestellte Situation! Auf welchen Vorgang nimmt sie Bezug? Wer sind die Personen? Was will der Zeichner mit dem Motto des Hosenbandordens aussagen?

XIV. Frankreich nach 1945

Zeittafel

1944	Charles de Gaulle und die Resistance; Bildung einer „Regierung der Einmütigkeit“
1946	Rücktritt de Gaulles
1946–1958	Vierte Republik; die Exekutive ist vom Vertrauen der Nationalversammlung abhängig
1958	Putsch in Algier, erneute Berufung de Gaulles; Fünfte Republik, Präsidialverfassung, Wahl de Gaulles zum Präsidenten
1968	Studentenunruhen, Generalstreik
1969	Rücktritt de Gaulles als Präsident; Georges Pompidou wird Präsident
1974	Giscard d'Estaing wird Präsident
1981	François Mitterrand wird als erster sozialistischer Ministerpräsident nach dem 2. Weltkrieg vereidigt; Parlamentsmehrheit für die Sozialisten.

Von der Vierten zur Fünften Republik

Historischer Hintergrund:

Frankreichs Vierte Republik dauerte von 1946 bis 1958. Sie war gekennzeichnet durch häufige Regierungswechsel, Parteienvielfalt und Schwierigkeiten bei der parlamentarischen Mehrheitsbildung. Vor diesem Hintergrund erscheint es verständlich, daß sich eine Mehrheit der Franzosen für stabilere Verhältnisse aussprach, die sie von de Gaulle erhoffte.

1 *In Frankreich ging im Jahre 1958 die Vierte Republik ihrem seit langem vorhergesagten Ende entgegen. Als der Amtsantritt de Gaulles unmittelbar bevorstand, wurde François Mauriac gefragt, was er von der Entwicklung der Ereignisse halte. Mauriac drückte sich diplomatisch aus: „Gewisse Politiker sind wie eiserne Rationen. Man sollte sich ihrer nur im äußersten Notfall bedienen.“*

2 In den letzten Tagen der Vierten Republik, als in Algerien die Armee rebellierte, war Paris voll von Gerüchten, Befürchtungen und Drohungen. „In der Politik", kommentierte Robert Schuman gelassen, „sind am gefährlichsten die Leute mit starker Phantasie und schwachen Nerven."

3 Ministerpräsident Debré besuchte bald nach seinem Amtsantritt London. In Downing Street 10, dem Amtssitz der Premierminister, zeigte man ihm die im Stiegenhaus angebrachten Porträts der englischen Regierungschefs seit Sir Robert Walpole. „Sehr nett", meinte Debré, „aber bei uns leider nicht durchzuführen." „Warum?" fragten die Engländer. „Weil es im Hotel de Matignon kein einziges Stiegenhaus gibt, das lang genug wäre, um die Bilder aller meiner Vorgänger aufzunehmen", antwortete Debré.

Arbeitsimpulse:

Arbeiten Sie heraus, was an den Anekdoten die Atmosphäre der Vierten Republik treffend charakterisiert!

Charles de Gaulle: seine Persönlichkeit und Politik

Historischer Hintergrund:

General Charles de Gaulle war seit 1943 Chef der französischen Exilregierung, nach dem Krieg Ministerpräsident und provisorisches Staatsoberhaupt. 1953 zog er sich auf dem öffentlichen Leben zurück. Fünf Jahre später beauftragte ihn Staatspräsident Coty mit der Bildung einer neuen Regierung. Er ließ eine neue Verfassung ausarbeiten (Präsidialdemokratie), die er zur Grundlage der Fünften Republik machte. Das Volk wählte ihn 1958 zum Präsidenten. Nach dem negativen Ausgang eines Plebiszits trat er 1969 resigniert zurück und kehrte der Politik den Rücken.

1 Nachdem er eineinhalb Jahre an der Spitze einer provisorischen Koalitionsregierung gestanden war, trat General de Gaulle im Jahre 1946, angewidert von dem Wiederaufleben des alten Parteienhaders, zurück. „Ein Land", sagte er kurz vor seinem Abgang, „das zweihundertdreiundachtzig verschiedene Käsesorten hat, kann man nicht regieren!"

2 De Gaulle hatte die Regierungsgeschäfte übernommen und stellte sich dem Parlament. In der Debatte über seine Regierungserklärung verglich ihn ein Sprecher der äußersten Rechten mit Robespierre.

„Wie man sich irren kann", sagte de Gaulle zu Staatsminister Guy Mollet, der neben ihm auf der Regierungsbank saß. „Ich habe immer geglaubt, ich bin die Jungfrau von Orleans!"

3 *General de Gaulle lebte wie kein anderer Staatsmann in und mit der Geschichte. In einer Kabinettssitzung forderte Ministerpräsident Debré im Namen der Armee Truppenverstärkungen für den Krieg in Algerien. „Unsinn!" antwortete de Gaulle. „Sie haben schon hunderttausend Mann mehr, als Napoleon brauchte, um ganz Europa zu erobern."*

4 *Die Amts- und Lebensführung General de Gaulles wurde von vielen Franzosen mit einer Art von respektvoller Ironie kommentiert. Dem Journalisten Pierre Viansson-Ponté von „Le Monde" war die Ehre zuteil geworden, de Gaulle in seinem Landhaus Colombey-les-deux-Eglises zu besuchen. „Ein Tischgespräch bei de Gaulle verläuft ungefähr folgendermaßen", erklärte Viansson-Ponté: „Madame de Gaulle erkundigt sich, ob man eine gute Fahrt gehabt hat, dann spricht sie über das Wetter und hernach ausführlich über den General. Der General erkundigt sich, ob man eine gute Fahrt gehabt hat, dann spricht er über das Wetter und hernach ausführlich über sich."*

5 *De Gaulle war es schließlich gelungen, das Algerien-Problem zu lösen, und die französischen Wähler hießen diese Lösung bei einer Volksabstimmung mit großer Mehrheit gut. Als der General gefragt wurde, ob er der Bevölkerung für ihr Ja bei der Algerienabstimmung nicht offiziell seinen Dank aussprechen wolle, frage de Gaulle zurück: „Wie kann Frankreich Frankreich danken?"*

6 *Ebenso gründlich wie auf seine Begegnung mit Chruschtschow bereitete sich Kennedy auf sein erstes Zusammentreffen mit General de Gaulle vor. „De Gaulle muß man behandeln wie die Auster das eingedrungene Sandkorn", riet der ehemalige Außenminister Dean Acheson dem Präsidenten. „Man muß ihn so lange in süßlichen Schleim einhüllen, bis er zur Perle geworden ist und dann muß man ihn schnell auf die Schnur fädeln."*

7 *Nach der Begegnung zwischen dem General und dem Präsidenten erklärte der englische Publizist Lord Altrinchan: „Kennedy ist ein zweitklassiger Mann, der eine erstklassige Macht leitet. De Gaulle ist ein erstklassiger Mann, der eine zweitklassige Macht leitet."*

Arbeitsimpulse:

Was erfährt man aus den Anekdoten und den Karikaturen (s. S. 148) über die Politik und den persönlichen Stil von de Gaulle? Welche Eigenheiten, welche Vorlieben schien er zu besitzen?

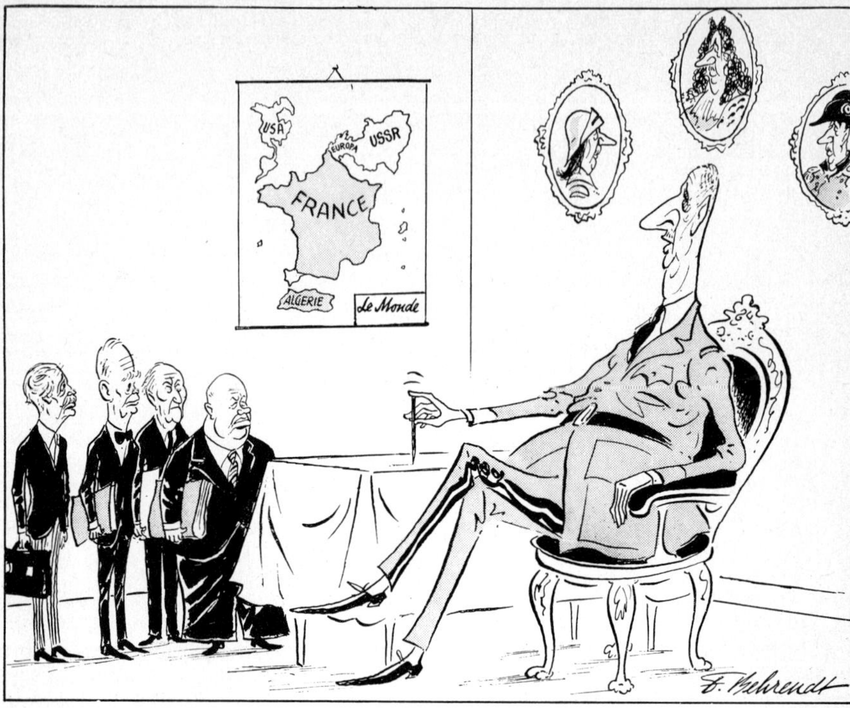

aus: F. Behrendt, Balancing Line, S. 1

„Ecoutez-moi Messieurs!“

aus: „Weltwoche“ 1966. in: Lachen streng verboten!, S. 382

XV. UNO – NATO – EWG

Zeittafel

1945 Gründung der UNO in San Franzisko
1949 Gründung der NATO als Verteidigungspakt
1957 Unterzeichnung der Römischen Verträge als Beginn der EWG
1973 Beitritt Dänemarks, Großbritanniens und Irlands
1981 Beitritt Griechenlands
1985 Beitritt Portugals und Spaniens

Die UNO

Historischer Hintergrund:

Der Völkerbund nach dem Ersten Weltkrieg war ein nicht ganz gelungener Versuch gewesen, mit einem kollektiven Friedensbund den Frieden sicherer zu machen. Die Kriegskoalition gegen die Achsenmächte griff den Gedanken wieder auf und bezeichnete sich selbst schon 1942 als Vereinte Nationen. 1945 wurde von 51 Staaten in San Franzisko die Charta der Vereinten Nationen unterzeichnet. Über Institutionen gibt es normalerweise nur selten Anekdoten. Dies gilt auch hier.

1 *Die Vereinten Nationen, die während des Kriegs mit so großen Hoffnungen gegründet wurden, standen angesichts der weltpolitischen Entwicklung immer mehr im Mittelpunkt der Kritik. „Die Schwäche der Vereinten Nationen", sagte Salvador de Madariaga, „beruht, wenn man es kurz und drastisch ausdrücken will, auf der Tatsache, daß ein Vegetarierverein nicht erfolgreich wirken kann. wenn eines der einflußreichsten Mitglieder des Vorstandes ein Fleischer ist."*

2 *Milder äußerte sich Winston Churchill: „Die UNO ist nicht gegründet worden, um uns in den Himmel zu bringen, sondern um uns vor der Hölle zu bewahren."*

3 Eine der treffendsten Bewertungen der Vereinten Nationen stammt von dem langjährigen holländischen UNO-Delegierten Carl Schuermann. „Die UNO“, sagte er, „ist eine Organisation, bei der immer irgend etwas verschwindet. Wenn zwei kleine Länder vor der UNO streiten, verschwindet der Konflikt. Wenn ein großes und ein kleines Land streiten, verschwindet das kleine Land. Und wenn zwei große Länder streiten, verschwindet die UNO.“

4 Die Vereinten Nationen in New York waren das diplomatische Schlachtfeld des Kalten Krieges. Allein zwischen 1945 und 1948 legte Andrej Gromyko, der Vertreter der Sowjetunion bei der UNO, im Sicherheitsrat sechsundzwanzigmal ein Veto ein. Gromyko („Veni, vidi, veto“) spielte seine Rolle als „Mr. Njet“ mit Gelassenheit. Als er einmal bei sehr schlechtem Wetter eine Party besuchte, starrte er auf den Regen, der gegen das Fenster prasselte, und sagte: „Morgen wird die ‚New York Times‘ schreiben, daran sei auch ich schuld.“

5 Voraussetzung für die Aufstellung einer deutschen Armee war der Deutschland-Vertrag gewesen, der die Bundesrepublik Deutschland zu einem souveränen Staat machte. Da die Alliierten aber aus verschiedenen Gründen zahlreiche Vorbehalte machten, wurde es ein kompliziertes Vertragswerk mit vielen Verklausulierungen. „Was sagen Sie zu dem Vertrag?“ fragte Staatssekretär Hallstein nach Abschluß der Verhandlungen stolz einen englischen Diplomaten. „Das ist überhaupt kein Vertrag“, antwortete der Engländer. „Das erinnert mich an die kleingedruckten Absätze auf der Rückseite meiner Versicherungspolice.“

Arbeitsimpulse:

Wie beurteilt Carl Schuermann die politische Wirksamkeit der UNO? Was meint W. Churchill hier mit „Hölle“? Auf welche Großmacht spielt die erste Anekdote an? Welche Probleme um den deutschen Verteidigungsbeitrag werden in der fünften Anekdote sichtbar? Nehmen Sie dazu Stellung.

Bemerkungen über die EWG

Historischer Hintergrund:

Die Europäische Wirtschaftsgemeinschaft ist der vertragliche Zusammenschluß der Staaten Belgien, Bundesrepublik Deutschland, Frankreich, Italien, Luxemburg, Niederlande zum Zwecke der wirtschaftlichen Integration. Heute spricht man von der Europäischen Gemeinschaft (EG), die sich als

Fernziel die politische Einheit gesetzt hat. Gegen den Beitritt Großbritanniens sperrte sich lange das gaullistische Frankreich. Heute ist Großbitannien ein Vollmitglied (seit 1973) ebenso wie auch Irland, Dänemark, Griechenland und seit 1985 Spanien und Portugal.

1 *Der Zusammenschluß Europas erlitt viele Rückschläge. „Mit der europäischen Einigung", definierte der Ministerialdirektor Jansen vom Bonner Außenamt, „ist es wie mit einem Fahrrad. Es muß immer rollen, denn wenn es stehenbleibt, fällt's um."*

2 *Die EWG hatte auch einen neuen Beamtentypus, die „Eurokraten", hervorgebracht. „Ein Eurokrat", definierte der Kabinettschef der EWG, Alfred Mozzer, „ist eine Persönlichkeit, die preußischen Charme mit französischer Bescheidenheit und italienischer Genauigkeit vereint."*

3 *Vor Mozzers scharfer Zunge ist niemand sicher. „Kennen Sie den Unterschied zwischen der EWG und Blue jeans?" pflegte er Besucher zu fragen. „Bei den Blue jeans sitzen die Nieten an der richtigen Stelle!"*

Arbeitsimpulse:

In den Anekdoten werden einige Schwächen der EWG deutlich. Versuchen Sie die Merkmale der Schwächen, aber auch positive Gesichtspunkte mit eigenen Worten zusammenzufassen!

„Die NATO ist mehr Zaum als Pferd"

Historischer Hintergrund:

Abkürzung für englisch „North Atlantic Treaty Organization". Am 4. April 1949 von europäischen Staaten und den USA und Kanada abgeschlossener Beistandspakt zur gemeinsamen Verteidigung. Ein zunächst etwas umstrittener Punkt war die deutsche Beteiligung wie überhaupt der deutsche Verteidigungsbeitrag. Zu sehr erinnerten sich einige der Nachbarn noch an den Krieg. Daher befassen sich anekdotische Definitionen gerne mit der deutschen Armee bzw. ihren Generalen.

1 *Besonders schwierig war der Aufbau einer gemeinsamen europäischen Verteidigung. Als man dem französischen Oberbefehlshaber in Deutschland, General Koenig, die ersten Pläne für eine europäische Armee auf Grund des EVG-Vertrages zeigte, sagte er: „Das ist kein*

Armee-Oberkommando, das ist eine Dolmetscherversammlung." An die Stelle der EVG-Armee, die nie zustande kam, trat die NATO mit unzähligen Stäben, Befehlsstellen und Ausschüssen und wenigen Divisionen. „Die NATO ist mehr Zaum als Pferd!" klagte ihr erster Generalsekretär, Lord Ismay.

2 *Schließlich war es soweit, daß General Speidel, der ehemalige Stabschef Rommels, als erster deutscher Offizier in das NATO-Hauptquartier einzog. Vorher hatten die Kommunisten in ganz Europa eine Propagandakampagne gegen Speidel entfesselt, in der er beschuldigt wurde, das Attentat gegen den jugoslawischen König in Marseille im Jahre 1934 und eine Reihe anderer Mord- und Terroranschläge geplant zu haben. Als sich Speidel in Paris meldete, sagte der französische General Valuy lächelnd zu ihm: „Wenn ich nicht in der Schule gelernt hätte, daß Henri IV. von Ravaillac umgebracht worden ist, würde ich sagen: Sie waren es."*

3 *Die größten Schwierigkeiten bei der europäischen Verteidigung bereitete anfänglich der deutsch-französische Gegensatz. „Die Franzosen", sagte der Schriftsteller Friedrich Sieburg in einer Diskussion, „haben nichts gegen eine deutsche Armee. Sie wollen aber eine deutsche Armee, die schwächer ist als ihre eigene und stärker als die der Sowjetunion."*

4 *Die EWG erlebte ihre schwerste Krise, als das Aufnahmeansuchen Englands abgelehnt wurde, weil General de Gaulle gefunden hatte, die Engländer seien nicht „europareif". Ohne de Gaulle zu erwähnen, erklärte am nächsten Tag der englische Außenminister, Lord Douglas Home: „Ein großer Franzose namens Napoleon hat einmal gesagt, wir seien eine Nation von Krämern. Die einzige Erinnerung an ihn in unserer Hauptstadt ist eine Eisenbahnstation namens Waterloo. Wir mögen Krämer sein, aber wir verkaufen weder unsere Grundsätze noch unsere Verbündeten..."*

Arbeitsimpulse:

Welche Schwierigkeiten der europäischen Einigung werden in den Anekdoten angesprochen? Welche Problematik wird speziell in der dritten Anekdote deutlich?

Die EG

Historischer Hintergrund:

Die Sowjetunion war mit der Entwicklung der EG nicht einverstanden, weil sie eine gegen ihre Interessen gerichtete Politik vermutete. Haitzingers Karikatur dazu erschien im schweizerischen „Nebelspalter“ 1972. Offiziell waren aber erst ab 1. Januar 1973 mit dem Beitritt Dänemarks, Großbritanniens und Irlands zehn Mitglieder in der EG.

Arbeitsimpulse:

Erläutern Sie die Karikatur? Wer ist der Nachbar? Was will er? Wodurch fühlt er sich gestört?

1972: Empfindlicher Nachbar

aus: „Nebelspalter“ 1972. in: Lachen streng verboten!, S. 407

XVI. Israel und der Nahe Osten

Zeittafel

1917	Balfour-Deklaration für die Errichtung „der jüdischen Heimstätte“
1947	Teilungsplan der UN
1948	Ausrufung der Unabhängigkeit des Staates Israel
1948–1949	1. Israelisch-Arabischer Krieg
1949	Israel wird Mitglied der UN; Masseneinwanderung
1956	Suez-Krise; 2. Israelisch-Arabischer Krieg
1967	3. Israelisch-Arabischer Krieg („Sechs-Tage-Krieg“)
1973	4. Israelisch-Arabischer Krieg („Yom-Kippur-Krieg“)
1977	Präsident Sadat in Israel
1979	Friedensvertrag zwischen Israel und Ägypten; Abzug Israels von der Halbinsel Sinai
1982	Besetzung Südlibanons durch Israel
1985	Abzug israelischer Truppen aus Libanon

Die Gründergeneration Israels

Historischer Hintergrund:

Schon 1917 hatte sich Großbritannien in der „Balfour-Deklaration“ für die Errichtung einer „jüdischen Heimstätte“ ausgesprochen, aber erst am 15. Mai 1948 konnte der Nationalrat der Juden in Palästina einen unabhängigen Staat ausrufen, der 77% von Palästina umfaßte. Die Großmächte USA und UdSSR erkannten ihn sofort an, alle arabischen Staaten lehnten ihn ab.

1 *Im Jahre 1948 wurde Israel als souveräner Staat anerkannt. „Ihre Staatswerdung ist wirklich ein Wunder“, sagte jemand anerkennend zu Ministerpräsident David Ben-Gurion. „Wer nicht an Wunder glaubt“, erwiderte Ben-Gurion, „ist kein Realist.“*

2 *Noch drastischer drückte sich Israels erster Staatspräsident, Dr. Chaim Weizmann, aus: „Man muß nicht unbedingt verrückt sein, um Zionist zu sein. Aber es hilft!“*

3 Israel war reich an Führern von fanatischer Besessenheit. Einer von ihnen war Vladimir Jabotinsky, der Gründer der Revisionistischen Bewegung. Seine Freunde wiesen ihn einmal darauf hin, daß seine Pogramme auf die Realitäten des Lebens zu wenig Rücksicht nähmen. „Eure Kritik", antwortete er, „erinnert mich an eine Szene, die ich während des Krieges im verdunkelten London miterlebt habe. Ein Mann stürzte bei fürchterlichem Nebel aus seinem Hotel und wollte ins Spital eilen, in das soeben seine Frau nach einem Unfall eingeliefert worden war. Er sah aber kaum die Hand vor den Augen. Da kam ein Passant vorbei und bot sich an, ihn zu führen. ‚Wie können Sie mich in dieser Nebelnacht führen?' fragte der Mann. ‚Natürlich kann ich das', antwortete der Fremde. ‚Ich bin ja blind!'"

4 In Israel wuchs ein neuer, sehr selbstbewußter Menschenschlag heran. „Stellen Sie sich vor, was mir gestern passiert ist!" erzählte Paula Ben-Gurion, die Frau des Ministerpräsidenten, dem amerikanischen Botschafter in Tel Aviv, James MacDonald. „Wir haben ein Mädchen, das täglich kommt, um beim Kochen und Saubermachen zu helfen. Gestern habe ich sie gebeten, länger zu bleiben, weil es viel Arbeit gab. Wissen Sie, was sie darauf gesagt hat? ‚Mistreß Ben-Gurion, Sie sind die letzte, die ein Beispiel für die Ausbeutung der Arbeiterklasse setzen sollte!'"

5 Der neugegründete israelische Staat hatte anfänglich mit großen finanziellen Schwierigkeiten zu kämpfen. Als Ministerpräsident Ben-Gurion eines Tages sein Kabinett umbildete, kam ein Freund zu ihm und erklärte, daß er gerne Bergbauminister werden möchte. „Wir haben doch noch gar keinen Bergbau", sagte Ben-Gurion, „wie kannst du Bergbauminister werden?" „Na und?" erwiderte der Freund. „Wir haben doch auch einen Finanzminister."

6 Den Geist, der das junge Land beseelte, hat der amerikanische Schriftsteller Harry Hershfield nach einem Besuch in Israel mit folgender Geschichte charakterisiert: Ein Rabbi, der in einer halbverfallenen Synagoge im Negev lebt, wird gefragt, wieviel er verdiene. „Fünf Dollar in der Woche", antwortet der Rabbi. „Aber davon können Sie doch nicht leben", sagt man ihm. „Glücklicherweise bin ich ein sehr religiöser Mensch", erwidert der Rabbi. „Wenn ich nicht dreimal in der Woche fasten würde, wäre ich dauernd hungrig!"

7 Der erste Schritt zur Aussöhnung zwischen Israel und Deutschland war der Abschluß des Entschädigungsvertrages mit der Bundesrepublik im Jahre 1952. Als Außenminister Sharett von der Vertragsunterzeichnung zurückkehrte, wurde er in Tel Aviv von einem Chauvinisten gefragt: „In welcher Sprache sind eigentlich die Verhandlungen über den Vertrag geführt worden?" Sharett antwortete: „Wir haben uns in der Sprache Goethes unterhalten!"

Arbeitsimpulse:

Welche Probleme des neugegründeten Staates werden in den Anekdoten angesprochen? Häufig sind jüdische Witze selbstkritisch und selbstironisch. Finden Sie Beispiele dafür in den Anekdoten?

Zum Nah-Ost-Konflikt

Historischer Hintergrund:

Gleich nach der Staatsgründung Israels 1948 kam es zum 1. Israelisch-Arabischen Krieg, der 1949 mit einem Waffenstillstand endete. Im Zusammenhang mit der englisch-französischen Intervention in der Suez-Krise brach 1956 der 2. Krieg aus. Die ägyptische Blockierung der Straße von Tiran führte 1967 zum 3. Israelisch-Arabischen Krieg („Sechs-Tage-Krieg"). Israel behielt damals ein Territorium, das dreimal größer war als das eigene Staatsgebiet. Mit einem ägyptisch-syrischen Überraschungsangriff begann der 4. Israelisch-Arabische Krieg 1973. Durch den unentschiedenen Ausgang wurde das arabische Selbstbewußtsein gestärkt.

1 *Israel lebte in den ersten Jahren in fast ununterbrochenem Kampf mit seinen arabischen Nachbarn. Auf beiden Seiten herrschten unversöhnlicher Haß und tiefes Mißtrauen. Als die israelische Regierung den arabischen Staaten Waffenruhe anbot, fragte der Führer der „Arabischen Legion", General Glubb Pascha, den König von Jordanien, Abdullah, was er von diesem Annäherungsversuch halte. „Ich weiß nicht recht", antwortete Abdullah. „Die Türken haben da ein passendes Sprichwort: ‚Wenn du auf einem Steg einer Bärin begegnest, nenn sie ›liebes Tantchen‹ . . .!'"*

2 *Israel konnte sich erfolgreich verteidigen, weil die arabischen Staaten zwar zahlenmäßig überlegen, an militärischer Schlagkraft aber unterlegen waren. Nachdem Syrien seine Unabhängigkeit erlangt hatte, bestellte der syrische Staatspräsident einen englischen Offizier zu seinem Militärberater. Als erstes verlangte er von ihm eine Aufstellung der Kosten für ein Panzerregiment. Als der Offizier den Voranschlag überreichte, strich der Präsident die Ausgaben für die Werkstättenkompanie. „Wenn die Panzer keine Werkstätte haben", warf der Berater ein, „werden sie nicht lange gefechtsbereit sein, Exzellenz!" „Was heißt gefechtsbereit?" erwiderte der Präsident. „Am ersten Unabhängigkeitstag sollen sie über den Boulevard fahren!"*

3 Die militärische Niederlage der Araber war eine der Ursachen der Absetzung König Faruks von Ägypten. Als man Oberst Nasser, den Anführer der Revolution, fragte, warum er außer seiner „Arabisch Sozialistischen Union“ keine anderen Parteien zulasse, antwortete er: „Wenn ich demokratisch regieren würde, hätten wir in Ägypten drei Parteien. Eine, die von den Reichen gelenkt wird, eine, die von den Amerikanern gelenkt wird, und eine, die von den Russen gelenkt wird. Ich ziehe es vor, nur eine Partei zu haben, die von mir gelenkt wird.“

Arbeitsimpulse:

Welche Stimmungen und Gesinnungen in den arabischen Staaten erkennt man aus den Anekdoten?

Israelisch-Ägyptische Verhandlungen

Historischer Hintergrund:

Der Besuch des ägyptischen Staatspräsidenten Anwar-el-Sadats im November 1977 in Israel stand am Beginn einer Phase israelisch-ägyptischer Friedensge-

New Connections

aus: F. Behrendt, Balancing Line, o. S.

spräche. Unter starker amerikanischer Vermittlung führten sie im März 1979 zu einem Friedensvertrag. Die anderen arabischen Staaten und die Palästinenser lehnten die Vereinbarungen ab.

Arbeitsimpulse:

Welche Symbole verwendet der Zeichner? Welche Personen (als Verkörperung von Staaten) sind zu erkennen? Interpretieren Sie die Aussage der Karikatur!

Anekdotensammlungen

Adler, Bill: Winston Churchills gesammelte Bosheiten. Englisch und Deutsch. Rororo Tb. Hamburg 1967

Alverdes, Paul/Rinn, Hermann: Deutsches Anekdotenbuch. dtv 92, 1962

Anekdotenbuch, Das; hrsg. von Dieter Lattmann. Fischer Tb. 1979

2550 Anecdotes for all occasions. Edited by Edmund Fuller Dolphin Books. Doubleday & Company, Inc. Garden City New York

Anekdotenschatz. Von der Antike bis auf unsere Tage. Gesammelt und herausgegeben von Heribert Hoffmeister. Verlag Praktisches Wissen. F. W. Peters. Berlin 1961

Anekdote (Abt. E. Poetik). Hrsg. von Heinz Grothe. N.-A. Metzler Stuttgart o. J.

Anekdotenbuch, Das; ausgewählt von Pumin, Willi. Insel Tb. 708. 1983

Bayerl, Lorenz: Geschichte in Spruchgut, Denkwürdigkeiten und Anekdoten. Ehrenwirth Verlag München

Deutsche Anekdoten. Hrsg. von Hein, Jürgen. Philipp Reclam Stuttgart 1976

Drozdzynski, Alexander: Der politische Witz im Ostblock. dtv, München 1977

Eicke, Hermann (unter Mitwirkung von Paul Börger): Weltgeschichte in Anekdoten. Quelle & Meyer Heidelberg 1961 (enthält eine große Auswahl historischer Anekdoten nach Epochen geordnet bis einschließlich Weimarer Republik; war für die Arbeit an diesem Buch besonders hilfreich)

Gamm, Hans-Jochen: Der Flüsterwitz im Dritten Reich. dtv, München 1982, 2. Aufl. (war unentbehrlich für die Zeit des Nationalsozialismus)

Gar nicht so pingelig, meine Damen und Herren. Neue Adenauer-Anekdoten von Walter Henkels. Moewig Tb 1980

Heindl, Gottfried: Geschichten von gestern, Geschichte von heute. Das zwanzigste Jahrhundert in Anekdote und Bonmot. Lizenzausgabe für die Buchgemeinschaft Donauland, Wien, und den Europäischen Buch- und Phonoklub, Stuttgart 1956 (für das 20. Jahrhundert die umfangreichste deutsche Sammlung historischer Anekdoten, außerdem für zahlreiche Aspekte des Kulturlebens ergiebig)

Heiteres. Witze – Anekdoten – Cartoons. Ausgewählt von Weltenburger, Martin. Delphin Verlag München

Kleine Geschichten aus Frankreich. Hrsg. von Hermann List. Stuttgart. Ernst Klett Verlag 1954

Kleine Schule der Schlagfertigkeit. 330 heitere Anekdoten hrsg. von Ringenkuhl, Eduard. Herder Freiburg 1977

Man lacht nicht nur in Eriwan. Anekdoten und Witze aus dem real existierenden Sozialismus. Hrsg. von Vardy, Alexander/Villaret, Waldtraut. Erb Verlag Düsseldorf 1984

Müller, André: Über das Unglück, geistreich zu sein. Anekdoten. Eulenspiegel Verlag Berlin 1984 (2. Aufl.)
Pijet, Georg W.: Duell mit der Vergangenheit. Anekdoten. Mitteldeutscher Verlag Halle–Leipzig 1982 (enthält eine reichhaltige Sammlung von Anekdoten über den Alltag von Menschen, „die durch ihre Hingabe an die historische Befreiungsmission der Arbeiterklasse nachhaltig wirkten“, wie es im Klappentext heißt)
Ringenkuhl, Eduard: 666 Anekdoten. Verlag Herder KG Freiburg i. Br. 1960
Puntsch, Eberhard: Witze, Fabeln, Anekdoten. Handbuch. Moderne Verlags GmbH München. 5. Aufl. 1976
Die schönsten Anekdoten aus dem „Großen deutschen Anekdoten-Lexikon“. Ausgewählt von Pumin, Willi. Insel Taschenbuch 413. Frankfurt 1984
Die Welt in der Anekdote (Heyne-Ex-Libris 75). Heyne München 1981

Die Abbildungen sind den folgenden Büchern entnommen:

Behrendt, Fritz: Balancing Line. Catalogue for an exhibition of cartoons and drawings. Amstelveen Holland o. J.
Daily Sketches. A carton history of 20th century Britain. Martin Walker. Frederick Muller Ltd. London 1978
Die schönsten Bismarck-Karikaturen. Ein Bismarck-Album des Kladderadatsch. Olms Presse. Hildesheim. New York 1981
Doré, Gustave: London. A Pilgrimage. Arno Press. A New York Times Company. New York 1978
Krause, Alfried: Die politische Karikatur im Geschichtsunterricht. Volk und Wissen. Volkseigener Verlag Berlin 1978
Lachen streng verboten! Die Geschichte der Deutschen im Spiegel der Karikatur von Hans Dollinger. Südwest Verlag München 1972
Lang, Ernst Maria: So lang die Tusche reicht. Wilhelm Heyne Verlag München 1982
Menschen in ihrer Zeit, Band 3. Ernst Klett Verlag Stuttgart 1982
Menschen in ihrer Zeit, Band 4. Ernst Klett Verlag Stuttgart 1975
Political Graphics. Art as a weapon. By Robert Philippe. © 1980 Arnoldo Mondadori Editore S.p.A. Milan
Zeiten und Menschen Ausgabe B, Band 3 34631, Verlag Schöningh/Schroedel Paderborn 1977